AF403630

# PIERRE BONNIER

—

# Sexualisme

PARIS (5e)

## M. GIARD & É. BRIÈRE

LIBRAIRES-ÉDITEURS

10, RUE SOUFFLOT ET 12, RUE TOULLIER

—

1914

# SEXUALISME

# PIERRE BONNIER

# Sexualisme

PARIS (5e)

## M. GIARD & É. BRIÈRE

LIBRAIRES-ÉDITEURS

16, RUE SOUFFLOT ET 12, RUE TOULLIER

1914

# SEXUALISME

Dans sa naïveté et sa suffisance toutes masculines, l'Homme a cru pendant des siècles que l'univers avait été créé pour lui. Il abandonne peu à peu cette sotte idée.

Mais il croit encore profondément que la Femme est faite pour lui ; car s'il n'est plus le pivot du monde, il entend rester celui de la société.

Il lui faudra aussi abandonner cette présomption. Si la Femme est faite pour quelqu'un, c'est pour l'Enfant, et non pour l'homme. Les intérêts de l'Espèce doivent dominer ceux de l'individu dans l'espace, et c'est la doctrine *socialiste*. Ils doivent aussi les dominer dans le temps : c'est la doctrine *sexualiste*.

Je réunis dans ce volume quelques articles parus autrefois, dès 1884, dans la *Revue socialiste*, dans le *Socialiste*, dans l'*Ere nouvelle*, dans l'*Harmonie sociale*. Les idées que je défendais dans cette campagne me sont plus chères aujourd'hui que jamais, et se trouvent encore assez neuves pour être redites dans leur forme d'alors.

1ᵉʳ mai 1913.

5 novembre 1892.

(*L'Harmonie sociale.*)

# SEXUALISME (1)

Avec la question sociale, la question « sexuelle », avec la lutte des classes, la lutte des sexes, avec le socialisme, le « sexualisme. Ainsi nous apparaissent les grands champs de bataille où vont maintenant entrer en ligne tant d'intérêts humains, et où se révèleront tant d'activités et de rêves.

Par leur fond commun, dès aujourd'hui reconnu, les deux questions n'en font qu'une, et c'est la solution économique qui fixe les conditions absolues de l'émancipation humaine dans sa forme sociale et dans sa forme sexuelle.

Des trois grandes formes de l'évolution consciente des intérêts humains, — l'Individualisme, le Socialisme et

(1) Le mot *sexualisme* a été employé pour la première fois, je crois, par moi dans l'article sur *Tchernychewsky et l'Evolution sexuelle*, paru dans la *Revue socialiste* en 1884, et que l'on trouvera plus loin.

le Sexualisme — la première a été longtemps la seule pratiquée et a dominé les autres de sa force immédiate et de son étroite et facile interprétation. C'est d'elle que se réclament les ennemis du socialisme et du sexualisme, qui ne comprennent pas que la formule la plus élevée et la plus large du développement individuel et de l'émancipation individualiste est donnée précisément par la vie socialisée.

Le socialisme apparaît comme une formule biologique supérieure, substituant la symbiose à la lutte individuelle pour la vie, la synthèse à la décomposition incessante, la cohésion organique aux antagonismes particularistes, l'organisation et la circulation des intérêts à l'anarchie économique et morale. Le socialisme règle de plus en plus profondément l'évolution des intérêts individuels en contact « dans l'espace » ; il équilibre les forces et les aptitudes humaines non seulement avec le milieu qu'elles se sont créées, mais encore et surtout il impose les besoins de l'espèce à l'activité consciente des individus.

L'évolution des intérêts humains « dans le temps » fait naître à son tour une autre question, la question sexuelle, en exigeant la régularisation des forces reproductrices de l'humanité à côté de celle de ses forces productrices.

Le sexualisme, plus encore que le socialisme, met les intérêts de l'Espèce au-dessus des intérêts des individus. C'est de lui que dépendent les conditions de la continuité de l'Espèce dans le temps, de même que le socialisme régit la contiguïté des intérêts individuels dans l'espace.

Dans la formule sexualiste, dans la question sexuelle, la production est l'Enfant, c'est-à-dire l'espèce continuée ; le travailleur, c'est la femme. La lutte des classes, qui combat l'individualisme dans sa forme de propriété individuelle, se double de la lutte des sexes qui le combat aussi dans la prédominance masculine, et prépare l'avènement de la manifestation humaine la plus parfaite, la formule féminine, que l'individualisme neutralisait et à qui le socialisme ouvre la voie.

Le machinisme, qui chasse l'homme de l'industrie pour y introduire la femme, détruit une à une les supériorités individuelles de l'homme car il est entré dans le militarisme et dans la production, dans la guerre et dans la chasse.

Ces deux question sociale et sexuelle, sont les deux formules de l'émancipation humaine dans l'évolution économique et dans l'évolution spécifique. La femme doit entrer dans la lutte des classes qui, seule, rend possible la lutte des sexes ; elle doit travailler à l'émancipation du travail, car elle est doublement exploitée et meurtrie comme producteur et comme productrice. Le socialisme, enfin, doit comprendre que le sexualisme est un puissant levier dans la révolution commencée et qu'aucun parti n'est arrivé à triompher qu'en intéressant à la révolution le parti placé au-dessous de lui.

Le sexualisme doit chercher « l'émancipation de la femme dans le travail affranchi ». C'est la voie directe, la seule possible et la seule féconde. Aucune révolution, aucun progrès n'aboutira sans la femme, et sans la révolution sociale, la femme ne peut rien espérer tant que durera la période individualiste qui va finir.

(*L'Ere nouvelle*, 1894).

# SOCIALISME ET SEXUALISME (1)

En associant étroitement ces deux mots, nous voulons unir et confondre momentanément la lutte des classes et la lutte des sexes, la question sociale et la question sexuelle, la doctrine socialiste et la doctrine sexualiste ; montrer que par leur fond commun les deux questions n'en font qu'une, et que c'est la solution économique seule qui fixera les conditions absolues de l'émancipation humaine dans sa forme sociale et dans sa forme sexuelle.

Nous ne nous dissimulons pas que l'idée de sexualisme et de question sexuelle n'est pas très profondément entrée dans les préoccupations du public et que de sitôt notre appel ne sera entendu. Nous y trouvons l'avan-

---

(1) Cet article publié en 1894 par l'*Ere nouvelle*, avait paru en 1893 dans l'*Harmonie sociale*, fondée par notre dévouée camarade Aline Valette, dans son numéro du 1er mai, et tiré ensuite en une petite brochure dont elle fit la préface.

tage si appréciable de définir par avance une doctrine et une évolution, en posant des termes que ni les préjugés ni l'indifférence n'auront pu faire dévier du sens que nous leur attribuons dès leur première apparition. Nous nous sentons en terre vierge, et la route que nous prétendons tracer n'en croisera pas d'autres.

En revanche, l'aridité même du terrain où nous marchons fatiguera sans doute l'attention du lecteur, surtout si les repères que nous indiquons ne lui sont pas familiers. Il nous est cependant tout à fait impossible pour le moment de modifier notre manière de voir, et par conséquent notre façon de dire.

La presse aux gages de la bourgeoisie a laissé celle-ci, confiante parce qu'elle, se croit éternelle, dans une ignorance profonde de ce que sont la question sociale et la lutte des classes, la révolution sociale et le socialisme. Nous estimons que le mal n'est pas grand et que la société bourgeoise peut sans grand inconvénient disparaître sans apprendre elle-même pourquoi et de quel côté aura soufflé le vent qui l'effacera. Il est aujourd'hui de plus en plus vraisemblable qu'elle se dissipera dans l'inconscience de ses dangers, et qu'elle roulera sans le savoir dans la fosse qu'elle s'est elle-même creusée.

Aussi notre pensée va-t-elle au-dessus de cette vieille société minée, au delà cette caste qui n'aura pas vécu son siècle entier, vers les héritiers de la bourgeoisie, vers la cohue travailleuse et sans nom, vers la féconde misère et la production dépossédée, vers tous ceux-là qui ont entrepris l'œuvre sociale géante, la révolution ouvrière. Et à ceux-là, sûr d'être compris, nous exposerons la question sexuelle avec la question sociale, à ceux-là nous révélerons la lutte des sexes mêlée à la lutte des classes ; sur leur révolution sociale nous grefferons notre révolution sexuelle, notre sexualisme complétant notre socialisme.

Au travail meurtrier de l'ouvrier nous comparerons le travail de l'ouvrière, au moins aussi néfaste, mais moins terrible cependant dans ses effets que le travail de la maternité.

A l'ouvrier dépossédé de l'œuvre sortie de ses mains nous opposerons l'ouvrière encore plus exploitée, mais moins dépossédée encore comme travailleuse que comme mère.

Au salaire masculin déjà insuffisant nous rapporterons le salaire féminin, toujours moindre, avec ou sans l'apport de la prostitution.

De l'asservissement économique et politique de l'ouvrier nous rapprocherons l'asservissement économique, conjugal et maternel de l'ouvrière.

Au surmenage, à l'industrialisation, à la déchéance physique et morale de l'un, nous ajouterons encore la dépopulation suraiguë, le nombre sans cesse croissant des infanticides, l'effroyable mortalité du premier âge résultant du surmenage, de la déchéance et de l'industrialisation de l'autre.

Et nous demanderons si ceux-là qui commencent aujourd'hui à prendre conscience de leur atroce condition d'êtres condamnés à produire la richesse pour la classe parasite en même temps que la misère économique et physiologique pour eux-mêmes, si ceux-là qui s'éveillent maintenant et frissonnent sous le souffle rude du matin révolutionnaire ne vont pas sentir au-dessous d'eux des meurtrissures plus anciennes, un esclavage plus complet et plus profond, un abaissement plus affreux dans l'exploitation et l'humiliation, et s'il n'est pas, sous leur souffrance demain terminée, une torture plus vraie encore, une misère plus infime et plus auguste, celle de l'être producteur par nature, en qui parasite la vie même de l'Espèce ?

Le terme *socialisme*, qui devrait caractériser la forme consciente de l'évolution de tous les individus composant l'espèce à laquelle nous appartenons, et, par conséquent, intéresse en réalité toutes les classes, a dû s'appliquer aux revendications, à la poussée d'avènement et d'émancipation de la classe infériorisée, exploitée parce qu'elle est productrice, méprisée parce qu'elle est utile, asservie parce qu'elle sert. Et la conduite de l'évolution sociale de l'espèce tout entière étant négligée par la classe dirigeante qui ne s'occupe que de ses propres intérêts, la question sociale est devenue la question ouvrière ; et le socialisme n'est plus que la main mise par la classe productrice sur la vie politique de la société entière. Ceux-là seuls à qui le crime social ne profite pas peuvent en faire justice, et les intérêts de l'espèce s'identifient avec les intérêts du prolétariat, dans cette mue sociale que sera la révolution.

Le parti socialiste, qui devrait se former de toute la société consciente de sa marche, se confond avec le parti de la Révolution, et cela caractérise suffisamment ce que les régimes précédents auront fait de l'évolution qu'ils devaient diriger. Le socialisme ne signifie plus que l'émancipation de la partie la plus nombreuse et la plus malheureuse de la société.

De même, dans la lutte des sexes, le sexe asservi et exploité, aussi méprisé qu'utile, devra prendre en main la révolution nécessaire, sans plus compter sur l'homme pour résoudre la question sexuelle, — devenue la question des femmes, — que le prolétariat ne doit compter sur le patronat pour résoudre la question sociale, devenue la question ouvrière.

Les révolutions ne se font que par les intéressés, quand ceux-ci deviennent assez forts. Or, nulle force n'est plus réelle que la conscience de ses intérêts. Que l'immense masse ouvrière exploitée sente nettement son exploitation, aucune force au monde ne peut lui résister. Mais la révolution se fera auparavant, dès que le parti socialiste atteindra la minorité indispensable au triomphe.

Que les femmes viennent à comprendre que leur double asservissement résulte de leur double qualité de productrices et de reproductrices, et la domination masculine se dissipera d'elle-même.

Le sexualisme est donc pour le moment, c est-à-dire jusqu'à la révolution sociale, identifié avec la question de la femme.

Néanmoins nous profiterons de la liberté que nous donne le peu d'encombrement des idées sur ce sujet, pour remonter un peu plus haut et demander aux conceptions biologiques une définition plus large et plus complète du mot et de la chose, et faire brièvement l'exposé biologique et politique de notre doctrine.

## EXPOSÉ BIOLOGIQUE

### *Les formes de l'évolution.*

Considérée au point de vue biologique, l'évolution humaine se présente sous trois formes. Elle est individuelle, sociale et sexuelle.

Il n'est pas de vie sans organisation et toute organisation est individualisée. L'ensemble des organismes dont l'individualisation affecte le même type constitue l'*espèce* qui, n'a pas d'identité fixe, et qui évolue et varie comme les individus dont elle est composée.

Depuis les êtres les plus élémentaires jusqu'à l'homme, l'évolution biologique n'est qu'une série ininterrompue d'adaptations organiques à des types d'individualisation toujours plus développés et plus parfaits. L'homme représente l'individualité organique la plus haute, et néanmoins le type organique de l'homme modifie constamment, par sélection et par adaptation, la formule de son individualisation.

L'individualité organique varie ainsi dans sa signification suivant l'espèce que l'on considère.

Le corps de l'homme est composé d'un nombre immense de petits éléments vivants, dont la cohésion et la cohérence selon un certain type spécifique réalisent son individualité organique d'homme, mais qui, en fait, sont autant de petites individualités protozoïques (unicellulaires) groupées, ayant leur vie spécifique propre, adaptée à celle de l'ensemble, et formant société.

Néanmoins, dans une espèce donnée, la forme individu a toujours le même sens et caractérise simplement chaque représentant autonome du type spécifique. Sa forme individuelle est la condition même de la vie organique, c'est la forme fondamentale de l'évolution.

Étudier l'évolution biologique, c'est donc étudier les variations de la formule individuelle.

*
* *

L'individu biologique le plus simple dans la forme animale est le protozoaire. Soit une simple gouttelette protoplasmique. Cette masse s'accroît par la nutrition, comment variera son individualité ?

La nutrition et les échanges s'opérant par la surface, le développement de celle-ci doit rester en conformité avec l'accroissement du volume, et les volumes croissant plus vite que les surfaces, il arrive un moment où la surface est insuffisante. L'individu doit alors cesser de croître.. ou bien se diviser, et d'une seule masse en faire deux dont la surface totale sera de beaucoup supérieure à la surface du premier individu. Par la division, le volume total ne varie pas tandis que la surface totale grandit considérablement. Cette adaptation aux nécessités de la nutrition est la première forme de la reproduction. Une individualité se dédouble pour former deux individualités qui bientôt seront devenues semblables à la première et se dédoubleront à leur tour.

Cette reproduction par division est dite *asexuée*.

Après un certain nombre de générations, elle semble atteindre la limite de sa faculté de reproduire des individus susceptibles de continuer la série, par une sorte d'épuisement, ou plutôt de différenciation extrême du type spécifique, par la divergence croissante des rejetons de la même souche, modifiés par l'hérédité et les adaptations successives.

Alors il se fait entre deux individualités organiques sans doute très spécialisées et différenciées, une fusion qui semble reconstituer la formule protoplasmique spécifique ; et ces deux individualités se résolvent en une seule qui va reprendre à nouveau la série des reproductions par division.

Cette reconstitution du type individuel primitif est la conjugaison, et l'appropriation réciproque des deux individualités composantes à se conjuguer est la forme fondamentale de la *sexualité*.

Dès l'origine nous voyons ainsi la reproduction asexuée alternant avec la reproduction sexuée : la réindividualisation spécifique restaurant le type primitif susceptible de nouvelles désindividualisations.

La sexualité nous apparaît donc comme la condition absolue de la continuité dans le temps de l'évolution spécifique, et elle gardera cette signification du haut en bas de la série animale, car l'homme est le produit de la conjugaison de deux individualités protozoïques en une nouvelle individualité, protozoïque également, qui donnera naissance par division à une série d'individus dont la cohérence formera l'individualité métazoïque (pluricellaire) que nous sommes.

*<br>* *

Les individualités protozoïques nées par division vivent isolément en pleine autonomie individuelle et sans se grouper.

L'adaptation aux conditions du milieu, la nécessité de s'unir pour résister aux dangers communs, le parasitisme réciproque ont créé des formes symbiotiques (vie en commun) supérieures.

Certaines individualités mères, au lieu de s'éparpiller par la division complète en individualités filles et petites-filles, sont restées cohérentes, et les individualités secondaires n'ont plus fourni que les éléments associés d'une individualité plus générale et de type supérieur. Cette association des descendants d'une même individualité protozoïque constitue l'individualité métazoïque. L'existence individualisée de l'ensemble ainsi créé a déterminé une adaptation des individualités composantes entre elles et par rapport à la vie de l'ensemble; elle a créé des différenciations et une distribution du travail, une organisation plus ou moins compliquée de la circulation des intérêts vitaux des membres de la colonie, qui constitue une véritable socialisation de ces petites individualités composantes.

Cette socialisation apparaît sans doute avant les premiers métazoaires, mais c'est chez ceux-ci qu'elle prend une forme réellement organique.

Cette contiguïté des individualités élémentaires a provoqué l'apparition d'une série de types organiques dont la formule de socialisation est toujours plus parfaite et plus complexe. Plus la socialisation des individualités composantes est développée, plus l'individualisation de l'individualité composée est parfaite. Les deux termes varient simultanément et semblablement. Le degré d'individualisation du type organique se mesure par le degré de socialisation de ses éléments. L'évolution sociale est donc régie par l'évolution individuelle et inversement.

Les individualités métazoïques vivent ce que vivent les individualités protozoïques éparses. Les cellules de notre corps se reproduisent en nombre immense, et cependant un moment apparaît où la division ne peut plus satisfaire à l'usure physiologique ; et la sénescence survient, puis la mort de l'individu métazoïque.

Parmi les éléments de notre ensemble organique, certains sont hautement spécialisés et par différenciation appropriés à la conjugaison qui fera renaître le type protozoïque, de qui sortiront par divisions successives les petites individualités composant un nouvel individu métazoïque. La sexualité est donc la même chez le métazoaire que chez le protozoaire ; seulement, tandis que chez l'individualité éparpillée formée par la descendance par division protozoaire les individus élémentaires aptes à la conjugaison n'ont aucun rapport avec les autres individus de même famille, — chez le métazoaire il en est autrement. Les individus qui devront reconstituer le type spécifique originel, adaptés à la vie socialisée, se séparent de l'individualité métazoïque, se rencontrent et se combinent, et la nouvelle individualité protozoïque, apte maintenant à la division, évoluera isolément ou se greffera sur l'une des individualités métazoïques génératrices, la femelle, pour assurer son évolution condensée au moyen de la vie parasitaire.

Le but même de la sexualité est donc la reconstitution d'une individualité protozoïque susceptible de se reproduire par division et de donner naissance soit à une individualité protozoïque éparpillée, soit à une individualité métazoïque dont les descendants restent cohérents et associés dans une vie organique commune.

On voit que toute la sexualité se réduit à des phénomènes de désindividualisations successives, neutralisant la sénescence et assurant la continuité des individus dans le temps.

La vie de chaque individualité métazoïque se termine par la désindividualisation de ses éléments et la mort de ceux-ci, comme elle a commencé par l'individualisation organique des individualités élémentaires nées par division d'un seul élément protozoïque, l'ovule fécondé. De mère en mère, notre vie remonte, sans solution de continuité, jusqu'à l'apparition même des premières formes de la vie organique sur la terre. Chaque existence individuelle est le résultat d'une désintégration partielle de l'individualité mère, et la vie remonte ainsi d'individu en individu, d'espèce en espèce, jusqu'aux premières formes organiques.

L'individualisation organique implique la contiguïté dans l'espace des individualités élémentaires qui constituent l'organisme. De même l'évolution individuelle a de bonne heure cherché une meilleure adaptation dans l'association artificielle entre individus de même espèce, réalisant une symbiose, un parasitisme réciproque plus profitable à chaque individu que les antagonismes et les dangers de l'état anarchique. La forme de l'évolution qui assure les rapports de contiguïté des individus dans l'espace, l'adaptation des vies individuelles au milieu créé par l'espèce est l'évolution *sociale*.

Les individualités associées forment par leur ensemble non pas un groupe confus et sans organisation, mais bien une individualisation d'un type supérieur, constituant un véritable organisme social. De même que la socialisation des protozoaires forme l'individualité métazoïque, de même la socialisation d'individus métazoïques forme une individualité collective, une collectivité.

Cette tendance des individualités plus petites à s'organiser en une individualité plus grande est la forme simple du communisme ou du socialisme, car ce groupement des individualités composantes nécessite une nouvelle orientation de leurs adaptations propres et une cohérence générale de leurs intérêts et de leurs efforts, qui en réalise la socialisation.

.*.

Des trois grandes formules de l'évolution consciente des intérêts humains, *l'individualisme*, le *socialisme* et le *sexualisme*, la première a été longtemps la seule pratiquée dans sa forme régressive et étroite ; elle a dominé et domine encore les autres de sa force immédiate et de sa facile interprétation. C'est d'elle que se réclament les ennemis de l'évolution, ceux qu'effraient le socialisme et le sexualisme, et qui ne comprennent pas que la formule la plus élevée et la plus large du développement individuel et de l'émancipation individualiste est donnée précisément par la vie socialisée.

Le socialisme apparaît donc comme une formule biologique supérieure, substituant la symbiose à la lutte individuelle pour la vie, la synthèse organisée à la décomposition incessante et à l'instabilité, la cohérence organique aux antagonismes particularistes, l'organisation et la circulation des intérêts à l'anarchie économique et morale. Le socialisme règle de plus en plus exactement l'évolution des intérêts individuels en contiguïté dans l'espace ; non seulement il équilibre et adapte les forces et les aptitudes humaines avec le milieu qu'elles se sont créé, mais encore et surtout il impose les besoins de l'espèce à l'activité consciente des individus.

Mais la vie de l'individu et celle de l'espèce évoluant

dans le temps, il importe que la conscience humaine se préoccupe du passé, du présent et de l'avenir, en un mot du devenir de l'Evolution.

Notre vie actuelle est déterminée par l'action de notre milieu sur nous et par notre action sur lui, mais elle est aussi le résultat de notre hérédité et de l'élan de vie spécifique qui entraîne la vie de chaque individu. Il est donc indispensable à l'évolution de l'espèce et à la continuité de la vie d'individu en individu, que nous nous préoccupions de l'hérédité que notre vie actuelle prépare à l'espèce de demain, et de l'héritage physiologique qui nous est confié.

L'évolution des intérêts humains dans le temps fait donc à son tour naître une autre question, la question sexuelle, en exigeant la régularisation des forces reproductrices de l'humanité à côté de celle de ses forces productrices.

Le sexualisme, plus encore que le socialisme, met les intérêts de l'Espèce au-dessus des intérêts des individus. « C'est de lui que dépendent les conditions de la continuité de l'espèce dans le temps, de même que le socialisme régit les intérêts individuels en contiguïté dans l'espace. »

L'un et l'autre sont les aspects d'un individualisme supérieur, « celui de l'espèce évoluant socialement ».

Nous avons évité toute tentative de dogmatisation qui eut peut-être simplifié cet exposé en le systématisant. Mais les données biologiques sur lesquelles nous nous appuyons ne sont pas assez répandues dans le public en général pour que notre thèse ne doive momentanément se passer de la maturation qui la rendrait spontanément saisissable.

Nous préférons énoncer le plus d'idées possible sur chaque sujet, laissant au lecteur le soin d'en élaborer la synthèse. Abordons le côté le plus immédiatement accessible de la question.

## INDIVIDUALISME

L'individualisme est la formule même de l'évolution organique : il est à la base et au sommet de la doctrine évolutionniste. Mais il peut être compris de différentes façons, ou plutôt, on peut, dans sa compréhension, s'arrêter à des niveaux différents. Nous nous servirons d'un exemple.

L'égoïsme a merveilleusement servi les intérêts de l'individu et par conséquent ceux de l'espèce, parce qu'il était le mobile le plus puissant de la lutte pour la vie et que c'est sous forme d'égoïsme que l'intérêt vital se présente à tout être. Il est la première forme de la conscience de nos intérêts organiques, et se trouve du reste au fond de nos conceptions économiques et morales les plus élevées.

Tant qu'on se place au point de vue strictement personnel et que l'intérêt personnel est le plus important des intérêts en jeu, l'égoïsme doit dominer ; mais il en est de moins en moins ainsi à mesure que la vie de l'espèce se recommande plus nettement aux efforts individuels et que la vie sociale limite entre eux les égoïsmes particuliers.

Ainsi l'égoïsme devient un danger quand il sépare deux efforts individuels au lieu de les associer dans une action commune ; l'égoïsme est un crime quand des intérêts supérieurs aux intérêts individuels sont en jeu. Il doit s'effacer et se taire quand les intérêts de la famille, de la nation, de la société sont menacés.

Si l'intérêt de la famille doit neutraliser les aspirations égoïstes de l'individu, il devient à son tour un danger quand il s'oppose au patriotisme. L'intérêt de la famille et celui de l'individu doivent disparaître quand la question de sécurité nationale vient à se poser. Le patriotisme est alors une vertu, quand il incarne les intérêts supérieurs de la vie nationale et qu'il s'oppose aux intérêts exclusifs de l'individu et de la famille. Mais quand des intérêts internationaux, des intérêts sociaux et humains, comme la lutte des classes et des sexes, la question ouvrière, viennent à leur tour à se manifester, le patriotisme devient odieux et criminel, au même titre que l'égoïsme en temps de crise nationale.

Toute tendance à placer les intérêts des individualités sociales plus petites avant les intérêts des individualités supérieures est par cela même réactionnaire et anti-évolutionniste.

C'est à cette réaction, à cette régression morale que tendent les anti-socialistes de la presse et de l'Institut. En quoi ils sont logiques et seront logiquement méprisés.

La compréhension des intérêts supérieurs d'une forme

individuelle quelconque par les individualités qui la composent constitue de la part de celle-ci une tendance communiste et socialiste. « La conscience se socialise comme l'intérêt. » Cette exaltation de la conscience individuelle jusqu'à la participation à la conscience générale s'appelle l'esprit socialiste.

L'esprit d'individualisme lui est dès lors opposé ; il tend à supprimer la contribution personnelle à la vie sociale, il pousse l'individu à n'attendre que de lui-même la satisfaction de ses besoins, à vivre par soi et pour soi, sans rien sacrifier à la vie communiste ni rien attendre d'elle. Cet antipode du socialisme est l'anarchisme dans son sens le plus étroit.

Dans une société où domine l'anarchisme, et où les individualités doivent fournir d'elles-mêmes leurs armes dans la lutte économique pour l'existence, la force brutale prédominera, l'être supérieur sera celui qui aura le moins de charges et le plus de force individuelle ; dans une telle société, les êtres seront ainsi classés, « l'homme, la femme, et l'enfant » ; l'individu passant avant l'espèce.

## SOCIALISME

Le socialisme est la conscience que prend l'individualité composante de sa qualité et de son rôle de membre d'une individualité plus élevée. Faire passer les intérêts de sa famille avant les siens est une forme de socialisme, mettre les intérêts de la nation au-dessus de ceux de la famille est une forme supérieure du socialisme, placer les intérêts internationaux et humains au-dessus du patriotisme est la forme la plus élevée du socialisme.

Le socialisme est créé par la réaction des intérêts de l'ensemble sur les intérêts des parties composantes, et, pris dans ce sens, le socialisme est une forme supérieure d'individualisme.

Mais cette conception des intérêts supérieurs de l'individu est sans cesse effacée en nous par la conscience étroite et obtuse des intérêts immédiats et inférieurs de l'individu. En même temps que le socialisme pousse les individus à s'incorporer dans les individualités plus grandes, les conceptions directement et étroitement utilitaires écartent les individus de la socialisation et le ramènent à cette autonomie d'ordre inférieur qui constitue l'anarchie.

Le fait que l'individu est incorporé à une individualisation organique supérieure, le fait qu'il est socialisé, constitue pour lui une liberté, une sphère d'activité, de besoins et de satisfactions beaucoup plus grande que dans l'état d'individu isolé et autonome.

La liberté est en raison directe de l'étendue de nos besoins et de la faculté qui nous est donnée de les satisfaire. Or, la vie sociale multiplie les besoins et les satisfactions, et la liberté des individus vivant en société serait infiniment plus grande qu'elle n'est, sans l'accaparement, l'usure et le parasitisme capitalistes.

Cette socialisation modifie le type individuel des membres de la société organisée : chacun d'eux contribue à la vie de l'ensemble et reçoit de la circulation générale beaucoup plus qu'il ne donne ; en quoi sa liberté augmente.

La contribution quantitative individuelle diminue en raison de l'individualisation plus parfaite de l'ensemble, en même temps que les attributions se perfectionnent et se différencient davantage. D'autre part, le parasitisme de chaque individu vis-à-vis de l'ensemble augmente également en raison directe de la socialisation.

C'est par la socialisation que l'organisation individualiste a réalisé dans l'espace une adaptation sans cesse plus élevée de l'homme à son milieu économique et créé pour lui un milieu social organisé et individualisé qui permet à chaque individu la participation à une vie commune, plus large et plus féconde, plus utile et plus libre, de l'ensemble.

Dans une société où domine l'esprit socialiste, l'utilité des individualités composantes à l'égard de l'ensemble classe les individus ; l'être qui a le plus de charges est le premier parce que sa contribution à la vie sociale est la plus grande. Le travail le plus utile à une société est la maternité, puis vient le travail à résultat seulement économique. Le machinisme diminue sans cesse l'importance de l'effort masculin.

Au point de vue de l'évolution sociale, c'est-à-dire des intérêts de l'espèce dans l'espace et non dans le temps, les êtres seront ainsi classés : « la femme, l'homme et l'enfant ». La société passe avant l'individu et l'utilité sociale orientera les valeurs individuelles.

# SEXUALISME

Le sexualisme définit les conditions extérieures et intérieures de la continuité de l'espèce dans le temps. Il prépare l'hérédité de demain et place au premier rang parmi les préoccupations individuelles et sociales, l'amélioration de l'espèce, non dans son adaptation au milieu, mais dans son milieu intérieur même.

La sélection sexuelle est la forme inconsciente du sexualisme, comme la sélection sociale est la forme aveugle du socialisme. Le pivot de la société, dans la formule sexualiste, ce n'est plus ni l'homme ni la femme, c'est l'enfant; — après l'enfant vient la femme, qui est l'hôte de l'espèce pendant la plus grande partie de sa vie individuelle; l'homme reste extérieur à l'évolution directe de la vie spécifique.

Sans doute le mâle, ayant moins de charges sociales, et plus d'avantages individuels, contribue indirectement à l'évolution sociale et spécifique, même en ne recherchant que son développement personnel ; sans doute, il est le sexe de l'adaptation et de la différenciation, définissant individuellement le caractère spécifique ; mais là s'arrête sa fonction, très belle et très utile d'ailleurs. Il n'a pas les charges de la vie spécifique et son développement garde volontiers le type individualiste. Ses avantages et sa liberté individuelle, ses supériorités apparentes lui viennent de ce qu'il laisse porter l'espèce à sa compagne de route.

Il a pris le côté brillant et agréable dans la distribution du travail, et au moins dans l'espèce humaine, il abuse de ces avantages pour s'asservir la femme, déjà enchargée de l'espèce. Ce mépris de l'utilité anonyme et pénible de la femme est telle que le Christ s'est dit le Fils de l'Homme, bien que né d'une vierge.

Et pourtant, ce point de vue tout masculin perd beaucoup de sa valeur quand on réduit les choses à leur véritable poids et qu'on se place au point de vue plus élevé de l'évolution de l'espèce elle-même.

Il est en effet à remarquer, dans toute la série animale, que quand un sexe vient à manquer, c'est le sexe mâle. Très accessoire et momentané au point de vue sexuel, le rôle du mâle n'a grandi que par l'asservissement des intérêts de la société et de l'espèce à l'individu, et par la grande supériorité que la force brutale, les avantages individuels et l'absence de charges sociales donnent dans les temps d'adaptation difficile. Le mâle égoïste porte en lui tous ses intérêts, la femme est en outre chargée de l'espèce qu'elle crée, porte en elle, et dont la vie absorbe la sienne. Dans certaines espèces d'insectes vivant sur des arbustes, dans la belle saison, alors que la branche chargée de sucs nourrit largement la petite colonie, les œufs ne donnent que des femelles et la société entière se reproduit de femelle à femelle, en parthénogenèse indéfinie. Il n'y a pas de mâles pendant tout l'été. Si la plante souffre ou que la saison devienne plus dure, il semble que, les facilités de l'existence diminuant, une distribution de travail s'impose et les petits mâles réapparaissent dans les œufs. La reproduction est alors sexuée. Mais si l'on transporte la plante en serre chaude et qu'elle se reprenne à fournir à ses parasites une alimentation abondante et facile, c'en est de nouveau fini du rôle des mâles, les œufs ne donnent plus que des femelles.

Dans ce cas, le rôle de la vie économique sur la production des sexes est très nette. Nous pourrions ajouter que l'alimentation et l'abondance intérieure des forces nutritives favorisent toujours la prédominance des naissances femelles et qu'il y a un rapport constant entre l'abondance économique et physiologique et la suprématie du sexe fécond. La différenciation se ralentit ou s'arrête par inutilité de l'adaptation active. Inversement, la misère physiologique et économique, la dureté des conditions extérieures de l'adaptation, la nécessité d'une lutte plus ardente pour l'existence appauvrissent l'espèce et favorisent la suprématie masculine et l'effort individuel d'adaptation.

Il en est ainsi dans notre espèce. La guerre a donné la première place à l'homme et nous lui devons cette gangrène du militarisme actuel. La chasse, qui était autrefois ce qu'est le travail industriel aujourd'hui, a de même assuré la prédominance masculine dans la vie économique.

Et cependant l'homme se trouve maintenant dépossédé peu à peu de son rang et de sa valeur immédiate par une force nouvelle, l'esclavage dans sa forme moderne et supérieure, c'est-à-dire le machinisme, qui aurait aujourd'hui émancipé l'homme de la servitude du travail improductif, ingrat et dégradant pour le travailleur, s'il n'avait été momentanément accaparé par la classe capitaliste parasite.

Le machinisme dans la guerre, dans l'industrie, dans l'art et dans la science elle-même, diminue la valeur personnelle du mâle, le chasse de l'atelier où sont entrés la femme et l'enfant, en attendant l'expropriation révolutionnaire et l'appropriation collectiviste.

Le machinisme, quand il sera au service de la société et non à celui d'une classe, sera le grand émancipateur de la femme et des intérêts profonds de l'espèce.

Dans une société où l'espèce reprendra toute son importance dans les préoccupations de l'individu, l'homme reviendra à sa véritable place, au troisième rang. Au premier sera « l'enfant », le germe de l'espèce en voie de création, dont l'évolution est si importante dès la conception. Toutes les forces sociales convergeront vers cette éclosion constante de l'espèce, vers cette hérédité créée consciemment avec des ressources encore inconnues de notre époque masculine. La « Femme » créatrice et éducatrice reprendra toutes ses supériorités sociales, sexuelles et individuelles. « L'Homme » aura pour champ d'activité les conditions extérieures de l'évolution, la vie économique sous toutes ses formes et ses spécialités, l'adaptation.

## EXPOSÉ SOCIOLOGIQUE

*Valeur individuelle, sociale et sexuelle de la femme.*

C'est par la comparaison systématique entre l'homme et la femme qu'on peut le mieux apprécier la valeur individuelle de cette dernière.

Au point de vue physique, l'homme l'emporte de beaucoup par la force brutale, par la taille... et par le poids. Néanmoins sa résistance à la fatigue et aux privations continues est moindre. Cette supériorité de poids, de taille et de force musculaire a pour corollaire un développement des zones motrices du cerveau également plus considérable. La seule supériorité du cerveau de l'homme sur celui de la femme est d'être approprié à une plus grande dépense musculaire nécessitée par la vie masculine, par le poids et la masse de ses leviers osseux et de ses muscles.

La femme est sacrifiée, dans son développement individuel, à ses fonctions sexuelles, et ses formes, et sa force musculaire s'en ressentent. En revanche, sa résistance physiologique, exercée et multipliée par ses aptitudes à la reproduction, compense largement la dépense musculaire de l'homme et en fait un être physique sans doute moins propre à la vie individuelle et autonome, mais plus utile socialement et sexuellement que lui. La gestation, la parturition, les appropriations périodiques à la vie sexuelle sont pour elle des brevets de capacité physique bien supérieurs à la massive et personnelle puissance musculaire de l'homme.

La femme étant moins lourde et moins grande que l'homme, et ayant moins de force musculaire à dépenser, doit avoir un cerveau moins lourd que lui. Cela est vrai pour le poids absolu; — mais si on rapporte le poids à la taille, il se trouve que le cerveau féminin est plus lourd qu'il ne devrait, et qu'il est, relativement au poids du corps, plus lourd que celui de l'homme.

2*

Cette supériorité relative de poids ne peut se rapporter aux zones motrices du cerveau féminin ; et c'est en réalité aux régions sensorielles et intellectuelles, surtout frontales, de l'écorce cérébrale que correspond la supériorité du cerveau féminin.

Ces régions à fonctions intellectuelles ne sont pas, comme chez l'homme, gênées dans leur développement par la croissance rapide des zones pariétales motrices ; et cela est particulièrement évident pour les centres du langage, du siège frontal, correspondant à une fonction infiniment plus complète et parfaite chez la femme. Les centres de la mémoire, de la spéculation intellectuelle, de l'analyse et de la pénétration psychique doivent être de beaucoup mieux développés chez la femme que chez l'homme.

Dans la lutte individuelle pour la vie, l'homme a une foule de supériorités, ou plutôt d'avantages, car il est fort et libre de son corps.

La femme, au contraire, manifeste sa force d'une façon toute passive par sa résistance infinie ; sa puissance physique n'est pas individuelle, elle est maternelle, et ne la sert pas dans la lutte individuelle pour l'existence, car elle est employée pour d'autres. Elle a, vis-à-vis de l'espèce, qu'elle porte en elle, une supériorité physique énorme sur l'homme, car c'est elle qui porte et crée l'humanité. Dans une société socialiste, où les intérêts de l'espèce dans le temps et dans l'espace domineraient les concurrences anarchiques entre classes et individus, la femme serait au premier rang par sa valeur sociale, par l'immense intérêt de sa production et par la sollicitude dont toutes les forces disponibles dans une société devraient l'entourer. Dans notre société individualiste, tout est contre la femme et contre l'espèce, désarmées devant l'individualité masculine.

Et cependant, si l'on regardait dans l'avenir et même dans le présent ? Partout où la femme a pénétré, dans les carrières libérales qui lui sont à peine ouvertes, elle avance avec une prodigieuse rapidité et ira d'autant plus vite et plus loin, qu'elle s'isolera davantage des scholastiques masculines en cherchant à créer suivant sa nature et ses aptitudes féminines ; dans l'industrie où l'avidité capitaliste l'attire pour faire une terrible concurrence à l'homme, la femme prend l'un après l'autre tous les avantages que le machinisme a fait perdre à la supériorité physique de l'homme.

La production économique, la guerre, la science même sont de moins en moins des efforts individuels ; le machinisme domine tout et sa première victime est précisément la supériorité motrice du cerveau masculin.

Il est certain que plus l'humanité sera heureuse, plus la femme, plus l'espèce grandiront comme valeurs sociales, plus l'homme perdra aussi de ses qualités étroitement et exclusivement individualistes, pour adopter une signification sociale, communiste, autrement large et féconde.

Dès lors, ses zones cérébrales motrices laisseront un peu se développer à leur tour les régions frontales et sensorielles, si prononcées chez la femme et les individus qui ne sont pas gênés par le développement prédominant des facultés motrices et peuvent en multiplier d'autres plus élevées.

Le type masculin se modifiera et son cerveau, grâce au machinisme, évoluera plus librement vers l'acquisition des propriétés intellectuelles analytiques et généralisatrices, d'imagination, de sensibilité, de précision, de clarté, de vivacité et de générosité qui distinguent les cerveaux féminins.

La nécessité d'obéir pendant des siècles à la force a développé chez la femme des armes offensives et défensives d'ordre intellectuel compensant son infériorité motrice. Néanmoins, deux barrières ont toujours été placées par l'homme au devant de son émancipation, l'ignorance et la religiosité. Aujourd'hui la femme rompt ces entraves et va rapidement étendre le domaine de sa pensée et de ses facultés intellectuelles et morales. La souplesse de l'intelligence féminine fuit les systématisations outrées et la religion n'est pour la femme qu'un apaisement facile de ses aspirations vives et de ses besoins de justice et d'épanchement.

La nature de la femme, sans cesse en contact avec la vie physique par ses multiples attributions sexuelles et sociales, par les incessants rappels de ses délicates et puissantes aptitudes physiologiques, n'eût pas trouvé les bizarres conceptions théistes, les vieux dogmes orientaux mal ajustés, rapiécés de légendes locales et reprisés de symbolismes surannés, dues à l'esprit de militarisme évangélique, de scholastique psychique, d'artificialisme à outrance et par-dessus tout de profond individualisme, que l'homme a mis tant de siècles à formuler. Une mère eût trouvé autre chose et mieux. La nature eût cherché avec elle et pour elle ; la vie de l'espèce est dans la femme et la religion y eût rencontré une formule autrement large et féconde, générale et évolutive, si la domination masculine ne lui avait imposé son action restrictive, stérilisante, atrophiante. La femme avait une religion toute prête : la maternité, l'adaptation des merveilleuses facultés de son être aux besoins moraux et physiques de la vie de l'espèce ; et si la femme occupait la place due à son sexe dans la vie sociale, il n'y aurait plus de religion et il n'en serait plus besoin. La vie individualiste de l'homme, son égoïsme naturel d'être qui se suffit pouvait seul le conduire aux conceptions si niaisement définies et si artificielles dont il s'est fait lui-même sa religion et qu'il a imposées à la femme.

La valeur individuelle de la femme grandira à mesure que les intérêts de l'espèce et de la société, préoccupant les individus, feront la place plus large à son développement.

Sa valeur sociale est plus grande encore que sa valeur individuelle, car la nature de la femme la fait vivre plus pour son milieu et pour autrui que pour elle-même. Sa valeur sexuelle accroît encore sa valeur sociale et la met dans la société immédiatement après l'espèce elle-même, c'est-à-dire l'enfant.

Nous voyons ainsi que les individus se classent différemment, non seulement au point de vue sociologique, mais au point de vue biologique, selon que telle ou telle forme de l'évolution prédomine, et que l'individu prime l'Espèce ou que celle-ci reprend toute sa valeur aux yeux de l'individu.

Dans la formule individualiste : l'homme, la femme, l'enfant.

Dans la formule socialiste : la femme, l'homme, l'enfant.

Dans la formule sexualiste : l'enfant, la femme, l'homme.

### *La question ouvrière et la question de la femme.*

Non seulement la cause de la femme ouvrière est identique à celle de l'ouvrier, mais la cause de la femme, comme femme, se superpose exactement à la question ouvrière. Il suffit de remplacer le mot de production par celui de reproduction dans tous les théorèmes du socialisme scientifique pour montrer que la question sexuelle double la question sociale.

Il y a, en effet, pour les femmes de toute classe et de toute condition, une nécessité absolue de s'instruire dans la doctrine socialiste, aujourd'hui si précise, et de s'initier par elle à une conception plus méthodique du mouvement en avant qui les entraîne elles-mêmes, le plus généralement, à leur insu. Nous avons bien des fois montré par combien de points la cause sexualiste s'identifie avec la cause socialiste, et cherché à faire comprendre aux femmes qu'il ne fallait pas que ce puissant courant socialiste, qui charriait leurs mille intérêts de femmes et de travailleuses pêle-mêle avec les revendications formulées du prolétariat, pût passer près d'elles sans les entraîner et que les hommes fissent seuls cette révolution à laquelle les femmes sont plus intéressées qu'eux. Nous nous sommes effrayés de voir rester trop exclusivement masculin, et d'avance stérile, cet effort d'émancipation économique.

Il ne s'agit pas ici d'une révolution de classe secouant le joug d'une autre classe usée et déjà en pleine agonie ; il s'agit d'inaugurer pratiquement une façon plus large de concevoir des intérêts humains, en supprimant l'usure et le servage, sous forme de salariat, en émancipant la production et la reproduction.

L'exploitation de l'homme par l'homme a un corollaire, l'exploitation de la femme par l'homme, qui ne tardera pas à disparaître après elle, le jour où l'on comprendra que l'espèce a ses droits qui dominent ceux de l'individu. La révolution sociale, en émancipant la production, sera en même temps une première révolution sexuelle ; car elle devra comprendre la maternité comme la première des productions.

Et c'est pourquoi nous superposons la formule sexualiste à la formule socialiste par simple généralisation, et pour compléter le programme d'émancipation entrepris par le parti ouvrier.

Dans la formule sexualiste, dans la question sexuelle, la production est l'enfant, c'est-à-dire l'espèce continuée ; le travailleur, c'est la femme. La lutte des classes qui combat l'individualisme dans sa forme de propriété individuelle, se double de la lutte des sexes qui le combat aussi dans la prédominance masculine et prépare l'avènement de la manifestation humaine la plus parfaite, la formule féminine, que l'individualisme neutralisait et à qui le socialisme ouvre la voie.

Il n'est plus guère d'ouvrier aujourd'hui qui ne sache

que son travail de chaque jour vaut en moyenne le double du salaire qui l'achète au rabais, et que lorsqu'il touche son salaire de huitaine il a déjà remboursé en double par son travail le prix qu'il en reçoit. Le salariat n'est pour lui qu'un monstrueux prêt usuraire, au taux de cent et plus pour cent, avec cette particularité que le remboursement du prêt a lieu avant le prêt lui-même. L'ouvrier sait que si la quantité de travail exigé est énorme et devient chaque jour plus pénible, en revanche, le salaire ne lui est jamais complètement versé, et il en reste une grande partie, sous forme de retenues et d'amendes, aux mains du prêteur. Il voit encore que la concurrence entre affamés, l'ignorance, la misère, le Code et les coups de fusils le livrent pieds et poings liés à son exploiteur. Il a vu que ce qu'on appelait jadis la « contrainte par corps » a pris aujourd'hui le nom plus républicain de « liberté du travail » et que les recors, payés autrefois par l'usurier créancier, sont remplacés avantageusement de nos jours par l'armée nationale, formée de la classe même qu'elle est chargée de maintenir dans le devoir, à ses propres frais.

L'ouvrier sait qu'il est d'autant plus méprisé qu'il est plus exploité, et que son travail est plus pénible et moins rétribué ; il sait aujourd'hui que par le « libre contact »  entre le travail et le capital, consenti par la misère et la contrainte morale, il perd non seulement la liberté de sa production, non seulement la propriété de ce qu'il produit, mais qu'il est forcé de produire, de produire trop et de produire pour d'autres. Il est ainsi l'artisan de sa misère croissante, de sa dégradation, de sa faiblesse et de la puissance atrophiante de l'argent. Comme terminaison, quand il s'est épuisé dans le travail, il est achevé par le chômage.

Dans cette classe de travailleurs s'en trouve une autre, qui ne peut lui faire concurrence et trouver à vivre individuellement à son tour, dans des conditions plus pénibles encore, qn'au prix de privations plus grandes et de salaires moindres, c'est la classe des ouvrières. L'industrialisation de la femme qui, a été un des agents de la misère croissante de l'ouvrier et la source de bénéfices inouïs pour le capitaliste, s'est traduite pour l'espèce par une dépopulation aiguë des milieux capitalistes, non compensée par le drainage incessant des populations rurales vers les centres industriels.

Mais ce n'est pas seulement comme producteur qu'elle est plus exploitée que l'homme auquel elle fait concurrence, c'est comme productrice d'humanité, comme femme : non pas seulement dans ses rapports de travailleuse avec le capital, mais dans ses contacts avec le masculinisme qui déforme et stérilise l'évolution humaine depuis des siècles. Elle non plus, de par le code, n'a aucun droit sur son produit, elle n'a que des charges et des responsabilités. Son produit, l'enfant, la rend d'autant plus méprisée et exploitée que c'est là du travail non payé et auquel elle ne peut se soustraire sans crime légal.

Dans la production économique, le capital a la paternité légitime et la jouissance du produit du travail ; il en est quitte avec le travailleur quand il ne paie que la moitié du travail qu'il s'approprie. L'homme a la paternité légitime et tous les droits sur l'enfant pour qui il n'a rien fait. Bien plus, le produit n'est légitime que s'il porte le nom d'un homme et que si l'ouvrière a elle-même perdu le sien. L'énorme plus-value que la femme ajoute au produit de là conception lui est volée entière-ment ou devient pour elle une charge écrasante, avec l'entière responsabilité en cas « d'accidents du travail ».

La supériorité individualiste de l'homme, toute de force physique et de valeur sociale soigneusement fixée par le code qu'il a fait lui-même, lui vient de ce qu'il n'a pas, comme la femme, l'Espèce à porter. La femme est avant tout destinée à produire l'humanité à venir et il n'y a pas de denrée moins appréciée de nos jours; bien plus, c'est un produit qui embarrasse toujours son auteur, le déshonore généralement et le tue parfois. La femme produit l'Espèce ; sa faiblesse vient de ce qu'elle est parasitée par l'Espèce, qui naît d'elle et se développe en elle ; mais aussi sa grande supériorité phsyique et morale lui vient de son rôle biologique de créatrice d'une espèce en progrès continu. Anatomiquement et physio-logiquement, le type organique féminin est bien plus éloigné de l'animalité que le type masculin. L'homme a tous les droits parce qu'il fait le code ; il a tous les mé-rites parce qu'il est seul à en parler. Et il ne peut en être autrement dans une société fondée sur l'anarchie individualiste, où l'Espèce n'est rien, la société peu de chose, et où l'individu ne grandit que par la lutte contre les autres individus, contre la société et contre l'Espèce elle-même.

La femme, qui remplit la fonction sociale la plus noble

et la plus utile, est, dans la société, la personne qui
donne le plus d'elle-même ; et, après l'enfant, c'est-à-
dire l'espèce de demain, elle est l'être qui a le plus de
besoins et pour qui la société ne donne rien et de qui
elle exige tout. La femme ne doit compter que sur elle-
même, ne doit vivre que par elle-même, sinon pour elle-
même. Elle, l'être social par excellence, qui devrait être
servie par tous comme elle est utile à tous, elle doit,
pour vivre, pour être, s'individualiser. S'individualiser,
c'est adopter la forme individualiste par excellence, le
type masculin. Elle n'a rien à attendre de la société,
faite pour l'homme seul ; elle ne peut que se faire homme
à son tour, pour y trouver place. Pour cela, elle supprime sa fonction sexuelle, elle devient stérile comme
l'homme, elle ne doit pas se marier ou se marier quand
elle peut se suffire à elle-même, par sa dot ou par son
travail. Elle supprime ou altère ses belles facultés cérébrales féminines pour apprendre l'art masculin et les
sciences masculines ; elle immobilise toutes les ressources de son originalité psychique pour se mouler dans
la formule virile ; sa beauté, si elle en a, n'est rien : il faut
une dot ou un titre qui en tienne lieu, un capital qui
rapporte ou une profession lucrative.

La forme masculine, qui enserre toute la production
humaine actuelle, est une déformation que doit subir la
femme qui veut s'émanciper. La femme doit se faire
homme, répétons-le, pour s'adapter aux moules masculins, d'où sortent depuis tant de siècles les mêmes
formules étroites et stériles des professions libérales. La
femme ne se fait homme que parce que la vie sociale,

basée sur l'individualisme, et, par conséquent, favorable au masculinisme, ne permet d'existence indépendante qu'à l'homme ; et, devenue homme pour vivre, elle doit être, toujours comme l'homme, complètement indifférente à la reproduction de l'Espèce ; elle ne doit, pas plus que lui, faire d'enfants. Elle doit perdre ses caractères féminins, si supérieurs et si évolutifs, et n'apporter dans la production, tant industrielle que libérale, que des efforts par avance stériles et impuissants. Elle ne s'émancipe qu'en cessant d'être elle-même. La femme, créée avant tout pour l'espèce et pour la vie sociale, ne reçoit de la société rien qui puisse, de loin, équivaloir à ce qu'elle lui apporte ; le salarié n'est frustré que de la moitié du prix de son travail, la femme est frustrée de tout, de son produit et d'elle-même. Qui peut se dire plus « prolétaire » que la femme, dans tous les sens du mot ?

La stérilité est la première conséquence de la vie individualiste de la femme, telle que l'impose la formule économique masculine. Dans les professions à travail collectif, la femme est industrialisée, et par conséquent moins individualisée que dans les professions dites libérales. Les ouvrières sont, par conséquent, aussi moins stériles que les femmes d'étude. L'individualisation est moins prononcée parce que le travail impose sa formule au travailleur et que l'atelier nivelle les valeurs personnelles.

C'est aussi dans ces professions que la femme prend le moins le type masculin et se déforme le moins ; les déformations professionnelles y sont communes avec les hommes ; dans les professions libérales, la femme qui

vent vivre par elle-même est déformée par le milieu
masculin où elle pénètre ; dans les professions industrielles, elle n'a affaire qu'au machinisme, et au travail
lui-même.

L'émancipation de la femme, en période d'individualisme et de vie masculine, ne peut se faire qu'aux
prix de la dépopulation suraiguë des milieux où elle est
imposée, et d'une déformation profonde de la personnalité féminine, neutralisée et viciée.

Les femmes salariées, industrialisées, syndiquées,
semblent parfois ne pas comprendre, avec justesse ni
justice, le rôle ingrat que jouent les émancipées individualistes, les femmes médecins et juristes, artistes ou
fonctionnaires, et ne tiennent pas assez compte de la
différence des professions dont les unes nécessitent
l'effort isolé, les autres l'effort collectif ; les unes faisant
des bourgeoises, les autres des socialistes. Les femmes
médecins et avocats sont des bourgeoises, sans doute,
comme les hommes médecins et avocats sont des bourgeois ; elles ne peuvent pourtant pas travailler dans les
ateliers de médecine ou de droit. La profession les indi-
vidualise, elles restent ou deviennent bourgeoises. Il n'y
a guère de mérite à devenir socialiste là où la production
est collective et l'effort associé. La forme artisan a per-
sisté dans un certain nombre de professions salariées,
qui deviendront cependant collectives et municipales
avec le temps et le progrès. Nous n'y sommes pas encore. La femme qui se crée individuellement sa place
dans le milieu bourgeois, sacrifie beaucoup de ses caractères sexuels, de ses particularités de femme ; mais

attendez que ces bourgeoises soient en nombre suffisant pour manifester une signification collective, et les caractères féminins reparaîtront aussitôt.

Il est bien évident que l'émancipation des femmes ne sera faite que par les femmes elles-mêmes, comme on l'a dit, avec raison, des travailleurs. Nous n'attendons pas autre chose. Ce qu'il importe aux socialistes de comprendre et de faire comprendre, c'est que la révolution sociale, qui établira les bases de la révolution sexuelle, si peu entrevue aujourd'hui par les réactionnaires et par les socialistes eux-mêmes, doit être faite avec les femmes, non seulement comme ouvrières, mais surtout comme femmes et comme mères. C'est une question biologique, sans la solution de laquelle, aucun progrès de notre espèce n'est plus guère possible.

Quel être plus que la femme est immédiatement intéressé à l'avènement de la formule socialiste. Autant l'individualisme qui nous régit encore était opposé au libre développement de cet organisme si délicat et si puissant à la fois, dont l'utilité sociale est si grande, dont le rôle est si important au point de vue de l'espèce, mais dont les besoins, tant pour elle que pour l'enfant, exigent, non pas sa dépendance absolue, comme cela est, mais la protection et la sollicitude continues et entières de toute la société, — autant le socialisme qui fait, de chaque individu, un organe en même temps qu'un hôte de la société, donnera volontiers à la femme, comme productrice d'humanité, la place considérable qu'elle mérite. Toutes les revendications des travailleurs, la femme peut les reprendre pour elle-même, très amplifiées et décolant une souffrance plus profonde, une exploitation plus ancienne. La femme, consciente de ses besoins, doit fatalement être socialiste.

Vis-à-vis du sexualisme, l'émancipation de la femme aura la même signification que l'émancipation des producteurs dans le socialisme. Il est naturel que ce soient les travailleurs qui deviennent socialistes ; ils y sont plus directement intéressés que les autres classes de la société, bien qu'une société saine n'eût pas dû attendre que la misère enseignât la vérité aux classes les moins éclairées.

Il est également naturel que la question sexuelle soit pour longtemps la question des femmes, et pour des raisons identiques. Notre société est si peu consciente que les classes dirigeantes, celles qui affectent d'être la partie consciente de la société civilisée, ne se décident à comprendre les besoins sociaux que lorsqu'ils se présentent sous forme de danger pour elles-mêmes.

## EXPOSÉ POLITIQUE

### *Tactique.*

Elle est simple, comme notre doctrine, pour qui connaît le programme du parti ouvrier, qui est le nôtre.

Il suffit d'appliquer, au parti sexualiste à former, la plupart des formules adoptées par le parti socialiste.

« Prise de possession des instruments de production par la collectivité ». Tel est le but actuel du Socialisme révolutionnaire. « Prise de possession du pouvoir politique par le prolétariat. » Tel est le moyen, telle est la révolution.

Les socialistes ont, pour le moment, une fâcheuse tendance à ne voir le rôle producteur de la femme que dans son état d'ouvrière, et à faire abstraction de son rôle social, infiniment plus important, de productrice de l'humanité elle-même. L'ouvrière appartient à la fois à la classe productrice et au sexe reproducteur ; et, comme telle, elle est doublement intéressée à l'émancipation de toute production, tant économique que physiologique, et à la révolution tant socialiste que sexualiste.

Comme ouvrière, elle doit, dans le parti socialiste, travailler à la prise de possession des instruments de production ; comme femme, elle doit, dans le parti sexualiste, travailler à prendre possession d'elle-même, car dans la production de l'Espèce, dans la continuité de la vie transmise, elle est, elle-même, instrument de production.

Et c'est ici, précisément, que nos amis socialistes comprendront que, si la formule sexualiste renferme la formule socialiste et la domine par sa haute généralité, la formule socialiste ne répond pas tout à fait à la révolution sexuelle que nous préparons. Les écoles socialistes inférieures ont demandé que la collectivité prît possession des instruments de production, et elles ont, avec une sereine ingénuité, compris les femmes parmi les instruments de production à mettre en commun. La question sexuelle semble toute résolue de cette façon ; mais nous pensons qu'il y aurait mieux à faire, et qu'il se trouve une catégorie de ces instruments à laquelle on ne peut décemment refuser tout droit à une certaine autonomie individuelle.

Le genre de production tout à fait spécial qui caractérise l'organisme féminin, sans préjudice de son rôle de production dans le domaine économique, doit assurer à la femme une place à part dans une société vraiment socialiste. Cette place, la révolution socialiste peut seulement la lui donner, nous ne nous arrêterons pas à le démontrer une fois de plus. Ce que le socialisme doit faire pour la femme, c'est l'émanciper comme « producteur »; quant à son émancipation comme femme, comme reproductrice, c'est le sexualisme que cela regarde; et, de même que l'émancipation des travailleurs se fait par les travailleurs, l'émancipation des femmes se fera par les femmes.

Le socialisme doit résoudre tout d'abord la lutte des classes, qui est la force actuelle de la question sociale. Qui a posé cette question qui intéresse toutes les classes, sinon la classe qui en souffre le plus, le Prolétariat?

De même, le sexualisme doit résoudre tout d'abord la lutte des sexes, qui est la forme actuelle de la question sexuelle. Qui, cette fois encore, posera cette question qui intéresse les deux sexes, sinon le sexe qui en souffre le plus, le sexe féminin?

La lutte des classes, la lutte des sexes une fois terminées, le socialisme et le sexualisme se poseront alors dans leur formule biologique franche et générale, non plus pour détruire des antagonismes, mais pour organiser la progression consciente de l'espèce dans l'espace et dans le temps.

Et le moyen ? Nous prenons le bon, c'est-à-dire « la main mise sur le pouvoir politique ».

Le prolétariat n'avait pas de signification politique tant qu'il n'avait été, par le machinisme et l'évolution même de l'exploitation capitaliste, forcé de s'organiser en parti de classe. Quand il a fait masse, le suffrage universel, si décrié pourtant, est devenu un levier révolutionnaire dont nous admirons partout la puissance. La conquête des pouvoirs politiques est commencée et se continuera, malgré quelques cahots faciles à prévoir.

Le parti sexualiste n'existe pas ; il va se faire de lui-même et nous en parlons dès maintenant parce qu'il est formé en puissance et qu'il faudra bientôt qu'on le reconnaisse au signalement que nous donnons par avance. Il n'aura pas besoin des fatalités économiques et industrielles pour unir ses adeptes en parti de sexe : le sexe même suffira. Quand il aura fait masse, le suffrage universel masculin deviendra encore plus universel, et la conquête révolutionnaire des pouvoirs publics inquiétera les cerveaux masculins d'alors comme elle inquiète les cervelles réactionnaires d'aujourd'hui.

Nous emboitons le pas à la révolution sociale et à l'immense poussée ouvrière ; et même avant de naître, le parti sexualiste triomphe dans toutes les victoires du prolétariat. Il précise sa formule économique dans les progrès de l'émancipation des salariés et se haussera sur la révolution sociale pour parfaire la révolution sexuelle.

10 décembre 1892,

*L'Harmonie sociale.*)

## L'ENFANT

On a souvent répété qu'il serait tout-à-fait désirable
que l'on s'occupât de l'amélioration de l'espèce humaine
avec le même zèle que l'on met à encourager les éleveurs
de chevaux de course. En réalité, les chevaux de prix
sont avant tout matière à paris, et les sociétés d'encouragement sont de véritables entreprises d'un tout autre
genre que les sociétés protectrices des animaux. Quand
pariera-t-on sur les gens, et s'occupera-t-on de les
« performer » ?

Jusqu'ici, les gens sur lesquels on a ouvert des paris,
et qui ont leurs entraîneurs d'un dévouement sans
limites, sont ou les boxeurs, ou les joueurs de billards,
ou les bicyclistes, ou encore les présidents de république.
Il est évident qu'on en a ainsi beaucoup amélioré
l'espèce, mais que le point de vue social a été totalement
laissé de côté. Ces quatre catégories d'individus, sans
être nuisibles en général, ne présentent aucune espèce

d'intérêt, en ce qui concerne l'évolution ; car les individualités sont peu de chose dans la marche de l'espèce.

Au-dessus des individus, il y a la famille, la patrie, l'humanité dans l'ordre affectif ; il y a des classes, dans l'ordre social et politique. Tout être qui se préfère à sa famille est un égoïste. De même celui qui met la famille au-dessus de la patrie ; de même le patriote est un égoïste quand des intérêts internationaux, comme la question sociale, par exemple, sont en jeu. Il y a dans ces intérêts superposés une sériation bien facile à saisir quand l'esprit s'élève assez haut pour dominer le terrain où évolue notre espèce. Nous devons ajouter que malheureusement notre intelligence individualiste, forcément myope, nous fait préférer la patrie à l'humanité, la famille à la patrie, nous-mêmes à notre famille, si bien qu'en nous-mêmes les sentiments bas, étroits, grossiers et strictement personnels, dominent toujours les sentiments larges et généraux. L'altruisme n'est même pas enseigné !

Dans la vie sociale, l'idée de classe domine tout. Il y a deux grandes classes dans la société actuelle, celle qui accapare et celle qui produit : la première a tout, la seconde fait tout. Nous ne nous y arrêterons pas. Il y a encore une autre division très simple : les hommes, les femmes et les enfants.

Cette dernière classification nous occupera maintenant. Nous pouvons tout d'abord la faire reposer sur le caractère suivant, emprunté à une métaphysique très ancienne, et à la psychologie la plus générale, encore actuellement.

De tous temps, les hommes ont eu une âme, les femmes ont la leur depuis quelques siècles à peine ; quant aux enfants, ils n'en ont point encore.

Si nous passons aux caractères anatomiques et physiologiques, les hommes ont depuis longtemps démontré que tous leurs caractères étaient évidemment de la plus haute dignité biologique, que la femme était une malade, pour les uns, un être incomplet et inférieur, pour les autres, intermédiaire à l'homme et à l'animalité. Quant à l'enfant, on n'a même jamais songé à le classer.

Nous, socialistes et sexualistes, nous avouons admettre, avec Tchernychewsky, que le tout est plus grand que l'unité ; d'une part, nous mettons l'humanité au-dessus de la patrie, de la famille, de l'individu ; et, d'autre part, nous nous préoccupons plus passionnément de l'avenir que du présent, du présent que du passé. De même que les classes, les sexes ont des valeurs respectives, toutes spéciales dans l'évolution, et qui a dominé dans le passé peut s'attendre à s'effacer dans l'avenir.

Dans l'évolution de l'espèce, l'avenir, c'est l'enfant, quand il est né ; c'est la femme, quand il doit naître. Le rôle de la femme, si grand dans la doctrine socialiste, est de faire l'humanité par elle-même et par l'enfant ; son individualité est toute différente de celle de l'homme ; elle est plus spécifique que personnelle, d'une formule supérieure.

Dans notre forme individualiste actuelle, tout est fait pour protéger les forts contre les faibles ; la loi garantit les droits si vagues de la paternité contre ceux de la maternité qu'elle accepte à peine ; la loi interdit la recherche de la paternité qui pourrait imposer des devoirs à l'homme ; en revanche, elle lui attribue tous les droits. Elle impose toutes les charges à la femme, tous les devoirs à celle qui a déjà toutes les charges et ne lui reconnaît aucun droit. Quant à l'enfant, on ne lui impose guère de devoirs, parce qu'il ne peut encore s'en acquitter ; on ne lui reconnaît pas de droits, parce que, pas plus que sa mère, il n'est de force à les imposer à la toute puissance masculine. En revanche, il a toutes les charges qu'il peut supporter ; l'enfant pauvre gagne sa vie dès qu'il le peut, et même avant de le pouvoir ; l'enfant a de bonne heure dans la classe pauvre toutes les charges et connaît tous les besoins et toutes les misères. Les droits à l'existence, les premiers de tous, sont méconnus. La Société en laisse la charge à la mère qui ne peut se suffire ; au père, quand il s'en trouve un capable de nourrir sa femme et son enfant. Elle veut bien s'en charger quand il n'y a personne, et c'est là que le massacre des innocents s'élève à la hauteur d'une institution.

Toutes les infériorités absolues que la femme présente vis-à-vis de l'homme dans une société fondée sur l'individualisme, l'enfant les présente à un degré plus élevé. Sa force physique est encore moindre et il ne peut physiquement et individuellement se suffire.

Toutes les supériorités relatives que la femme offre vis-à-vis de l'homme, et qu'elle imposerait dans une société socialiste, l'enfant les accuse encore davantage.

On dit généralement que, de tous les animaux, celui qui l'emporte sur les autres par le poids relatif de sa masse cérébrale, est l'homme. Nous disions ici même l'autre jour que c'était la femme qui l'emportait à cet égard. Cela est vrai si on ne considère que les adultes ; mais, en fait, il n'est pas d'êtres qui offrent un développement cérébral relatif plus remarquable que l'enfant.

C'est par les zones cérébrales les plus nobles, les plus récemment acquises et développées dans la série biologique que la femme l'emporte sur l'homme, c'est par elles aussi que l'enfant l'emporte sur la femme.

Un enfant nouveau-né a déjà des organes sensoriels si parfaits qu'ils n'auront plus guère à évoluer par la suite, mais seulement à s'adapter à la croissance de l'individu. Le front cérébral de l'enfant est presque défini à la naissance, son cerveau tout entier est à celui de la femme adulte comme 29 est à 90, et à celui de l'homme comme 29 est à 100. Le fémur n'est à celui de la femme que comme 1 à 93, à celui de l'homme que comme 1 à 100.

Cette énorme proportion, et bien d'autres encore, montrent que si l'on juge de la valeur cérébrale d'un être quelconque par les rapports de son poids cérébral au poids d'une partie aussi caractéristique du squelette que le fémur (Manouvrier), l'enfant appartient à un type biologique bien supérieur à celui de l'adulte.

Et, de fait, qui n'a observé les merveilleuses aptitudes cérébrales et sensorielles de l'enfant dont le regard, les gestes, la mimique et toute la physionomie sont déjà si intelligents et si fins alors que ses jambes ne peuvent encore le porter ; plus tard, on observera les ressources prodigieuses de sa mémoire, ses facultés d'imagination et de réflexion, d'affection et de souplesse dans la volonté, que l'éducation, masculine aujourd'hui comme tout ce qui nous entoure, va enrayer, étouffer, corrompre et vicier de toutes façons. Si c'est un garçon, l'éducation absurde que nous connaissons tous, et aussi le développement progressif des zones cérébrales motrices, va bientôt couper court à l'évolution psychique frontale. Si c'est une fille, la poussée des régions motrices ne nuira pas à ce développement psychique, mais il ne sera  rien guidé et soutenu dans un milieu stérile et inculte, où l'homme a le monopole de l'enseignement et de la vie politique. Et il en sera ainsi tant que l'élément masculin dominera.

L'abominable cuistrerie masculine, la stérilité des essais exclusivement masculins dans les formes scolastiques et philosophiques, scientifiques et artistiques, l'infécondité et la routine, le perpétuel recommencement des mêmes formules, l'incohérence absolue des recherches psychiques et esthétiques n'ont pas d'autres causes que cette absence totale de l'influence féminine dans la vie sociale active. Notre civilisation se dessèche comme bien d'autres avant elle ; il faut une sève nouvelle, une greffe naturelle qu'il n'est pas besoin de chercher bien loin. Nous avons, nous hommes, nos maîtres et nos modèles auprès de nous, ce sont les femmes et les enfants, bien plus éloignés de l'animalité que nous, et qui portent dans leur forme physique et psychique des caractères évolutifs qu'empêche seul de se développer notre aveuglement imbécile.

Tout ce que nous regardons comme supériorité chez nous, n'est utile que dans la vie individualiste, que brise chaque jour davantage le capital et le machinisme, les deux plus puissants adjuvants révolutionnaires de l'évolution socialiste qui mûrit. Une société socialiste, consciente de sa puissance biologique et de sa vie naturelle et logique, fera la place plus grande à la femme qui est la source de l'humanité de demain, à l'enfant qui est la suite même de l'espèce en voie de progrès.

21 janvier 1893.

(*L'Harmonie sociale.*)

# ESPRIT MASCULIN

Quand les ouvriers, sachant combien la misère, l'as-
sujettissement perpétuel, et aussi le manque d'instruction générale sont de mauvaises conditions pour permettre aux malheureux d'envisager scientifiquement et
d'une façon désintéressée les questions économiques,
quand les ouvriers se prennent à douter de la justice de
leurs revendications et de la justesse de leur métholo
révolutionnaire, il se trouve, heureusement pour eux,
des écrivains spéciaux, des savants officiels, des économistes jurés, des journalistes vendus ou à vendre pour
traiter la question sociale avec une telle mauvaise foi,
une telle ignorance et une si invraisemblable naïveté,
que le plus abruti par le travail et la misère reprend
confiance en lui-même et n'hésite pas à se trouver infiniment moins sot que l'homme remarquable qu'il entend discuter.

Quand les femmes, déprimées par une servitude plus

ancienne et plus profonde, par une misère économique et physiologique qui n'a d'égales que la noblesse et l'utilité de leur rôle social, se prennent, à force de l'entendre dire, à se croire véritablement inférieures à ces hommes qui les exploitent. elles peuvent également reprendre avec la plus grande facilité, et à bon droit, une entière confiance en elles-mêmes, par la simple comparaison d'abord et aussi par le spectacle lamentable que les hommes leur offrent inconsidérément de leur incurable ineptie et de leur incapacité absolue à se départir spontanément des préjugés de sexe comme des préjugés de classe. Qu'elles relisent tout ce qui s'est écrit dernièrement à propos de l'éligibilité des femmes ; il y a de quoi désespérer de voir jamais les hommes comprendre un traître mot à la cause sexuelle et à l'idée sexualiste.

Nous ne voudrions pas parler ici de la question de femmes candidates ; la doctrine socialiste n'a accepté la lutte sur le terrain politique qu'avec un prolétariat organisé et économiquement forcé de s'organiser en parti de classe. C'est un parti qui lutte par les armes politiques que sa puissance de classe organisée lui permet de prendre, et que sa force, aujourd'hui redoutable à toutes les formes de l'usure, finance ou salariat, impose aux pouvoirs publics de lui céder une à une. Aujourd'hui, les ouvriers sont éligibles et élus parce qu'il se trouve assez d'électeurs conscients pour les nommer et les seconder dans leur action parlementaire. Actuellement, les femmes ne votant pas, il est absurde de les supposer éligibles. Il est aussi fantaisiste d'attendre des hommes l'élection d'une femme que de demander aux patrons de voter pour un de leurs ouvriers.

Que les femmes s'organisent en parti de sexe, comme les travailleurs se sont constitués en parti de classe, et la cause sexualiste apparaîtra nettement à tous, simple et imposante dans sa formule, comme aujourd'hui la doctrine socialiste ; la question sexuelle talonnera de près la question sociale, la partie économique commune aux deux triomphant dans l'effort commun.

Nous ne pouvons pas attendre des hommes qu'ils comprennent la cause féminine ; le cerveau masculin est trop individualiste et le retard apporté à l'avénement du socialisme n'a d'autre cause que cette exclusive domination de l'homme dans l'aveugle direction des conditions économiques entre lesquelles évolue l'espèce. L'homme comprend la femme comme le patron comprend l'ouvrier. L'un et l'autre n'envisagera que ce qu'il peut en tirer de profit. L'ouvrier qui peut vendre cher son travail n'en est que plus considéré ; plus la femme peut exiger pour le plaisir ou pour la vaniteuse satisfaction qu'elle procure, plus elle est recherchée. Plus un être donne de lui-même, de sa dignité, de sa force, de sa vie, dans un contrat, moins on l'estime. Une mère ne vaut que par la valeur sociale que l'on peut reconnaître à l'enfant. Or, en régime masculin, l'enfant est une denrée peu demandée et la maternité est véritablement la plus misérable, quand elle n'est pas la plus infâme des conditions sociales. La loi a débarrassé l'homme de la paternité, la loi masculine j'entends ; la femme qui imite l'homme et se débarrasse de sa maternité, empiète sur les privilèges masculins et s'applique une loi qu'on n'a pas faite pour elle, et qu'elle n'eût jamais faite : on en fait une criminelle ! Tout ceci est admis et pratiqué. La valeur sociale de l'individu n'est pas dans son utilité, mais dans le prix qu'il sait en tirer.

Dans une société fondée, comme toute société à prédominance masculine, sur l'individualisme, l'utilité d'un individu vis-à-vis de l'Espèce n'est pas appréciée ; seule intéresse son utilité vis-à-vis de l'homme, mari, amant ou souteneur, trois degrés bien proches et souvent confondus. Si l'on recherche, dans l'opinion masculine telle qu'elle s'affiche dans la presse et sur les journaux illustrés, ce que l'homme demande à la femme, ce qu'il recherche en elle, est bien fait pour donner une triste idée de l'intelligence et de la clairvoyance masculine. Toutes ses sottises, ses erreurs, ses préjugés, l'homme les reproche à la femme. Y a-t-il un crime commis par un homme, cherchez la femme ; mais s'il y a un crime commis par une femme, un infanticide, la loi interdit de rechercher l'homme. La loi punit impitoyablement la fille-mère qui, obsédée par les suites de sa faute et la honte sociale que l'homme attache à la maternité qu'il n'a pas couverte de son nom masculin, le plus souvent inconsciente et victime peut-être de sa folie puerpérale, détruit son œuvre propre, ce produit qui lui coûte son honneur, et peut-être sa vie. Alors, quand il n'y a plus qu'à punir, l'homme reparaît.

L'homme fuit la paternité et peut s'y soustraire ; il impose la maternité à la femme et a le cynisme de considérer la maternité comme le plus bel apanage du ce sexe qu'il s'est asservi.

Quelle supériorité l'homme a-t-il jamais reconnue à la femme, sinon celle de pouvoir le charmer et le séduire ? De fait, l'homme ne connaît, ou semble ne connaître et n'apprécier qu'une force chez la femme, sa coquetterie, c'est-à-dire les avances qu'elle lui fait, au fond, un hommage qu'elle lui rend, en semblant en chercher pour elle-même. Que cette coquetterie aille de la chatterie la plus hypocrite jusqu'aux allures les plus indépendantes, l'homme est flatté d'en être l'objet. Il ne lui déplaît pas qu'une femme prenne quelques-unes des particularités de l'homme ; un peu de brutalité inoffensive, des rigueurs acquises par des longues fréquentations masculines lui semblent une marque d'émancipation vraie qu'il goûte parce que ça le change. Mais il entend que la femme n'oublie pas qu'elle est l'être faible, délicat, soumis, humble et coquet, que l'homme domine de ses muscles sinon de son indépendance égoïste de mâle sans devoirs et sans charges. Cette femme-là, on l'apprécie dans la presse et dans les conversations entre hommes, on ménage ou sur le trottoir. Tâchez de nous plaire, imitez nos qualités en restant vous-mêmes, vous n'avez pas d'autre but et, comme disait *Le Journal* l'autre jour : « Restez femmes, usez surtout du pouvoir des dames, voilà encore le plus rapide moyen pour vous de devenir ce que vous souhaitez d'être, presque des hommes ».

Et bien ! non, c'est vraiment si peu de chose qu'un homme, que presqu'un homme serait moins que rien. Les femmes — j'entends les vraies femmes, pas celles qu'on demande, — les femmes ont autre chose à chercher qu'à ressembler aux hommes.

Elles veulent une société où l'être fécond et utile ne soit pas le plus exploité et le plus misérable ; elles veulent que l'enfant, c'est-à-dire la continuité de l'espèce, ne soit plus une charge, mais une richesse ; que la maternité soit une gloire et non un crime. Elles attendent que l'égoïsme et l'individualisme ne soient plus la loi absolue de toute la vie sociale et intellectuelle, et que l'individu fasse enfin un peu de place pour l'espèce, dans l'évolution qu'il encombre et stérilise.

4 février 1895.

(*L'Harmonie sociale.*)

# RELIGION

Qu'y a-t-il de plus général et de plus uniforme qu'un préjugé de classe, sinon un préjugé de sexe? Les hommes d'une même classe sociale cultivent les mêmes préjugés à l'égard des hommes d'une autre classe, mais les hommes de toutes classes ont préjugés communs vis-à-vis des femmes. Cela est d'une vérité si évidente, qu'il suffit de l'énoncer pour qu'on l'accepte sans démonstration.

S'il en fallait une pourtant, je la trouverais dans un bienveillant article qu'écrivit dernièrement un socialiste convaincu, Fournière, à propos des femmes et où il acceptait assez volontiers l'idée, d'ailleurs si accréditée, que le vote des femmes équivaudrait « au gouvernement des curés ».

Nous avons ici une trop bonne occasion de signaler un préjugé qui s'ignore encore lui-même pour la laisser échapper.

La religion est le dernier refuge des souffrances mo-

rales, comme l'hôpital est celui des souffrances physiques.
Qui voit-on à l'hôpital ? Plus de pauvres que de rentiers,
évidemment. Et dans la religion ? Plus de femmes que
d'hommes, sans doute. De là, le préjugé. Les femmes
ont-elles un goût plus prononcé pour la religion que
les pauvres pour l'hôpital, ou ne serait-ce pas plutôt
une fatalité de même ordre qui les pousse, les uns et
les autres, vers ce dernier abri où l'on s'arrête... parce
que c'est le dernier ?

La société capitaliste ne laisse aux pauvres, à bout de
force physique, que l'hôpital ; la société masculine ne
laisse à la femme, à bout de force morale, que la religion. Pour ceux et celles qui ont tout donné à la société, il ne reste que l'assistance publique et l'assistance divine ; mais on ne leur abandonne pas la moindre
parcelle de leurs droit naturels et évidents sur le bien-
être, la richesse, la production économique et humaine
que les uns et les autres ont apportés à la société, qui
les repousse, quand elle n'en peut plus rien tirer.

Pourquoi le socialiste qui doit, mieux que tout autre,
comprendre et proclamer que la religion a été l'un des
plus puissants, des plus pesants instruments de règne
dans les mains d'une classe pour s'assurer et maintenir
sa domination sur une autre classe, pourquoi ne com-
prend-il pas que cette même religion a, depuis plus
longtemps encore, servi à un sexe pour s'asservir mo-
ralement l'autre. L'homme a beau avoir dominé la
femme de toute l'excellence de ses muscles, il n'a pu
neutraliser la supériorité cérébrale de celle-ci que par
une discipline imposée dès l'enfance et greffée sur l'ex-

pansion toujours si vive de sa sentimentalité, et faire une servitude d'un besoin.

Est-ce la classe productrice qui a imposé la religion à la classe parasite ? Non, sans doute. Le suffrage semi-universel a-t-il fait prédominer les idées religieuses qui avaient servi si longtemps à maintenir le peuple dans ses devoirs d'obéissance et de soumission ? Pourquoi admettre alors si facilement que le sexe féminin, encore aujourd'hui la première victime de cette religiosité qui lui a été systématiquement imposée par l'homme, serait précisément l'artisan de cette restauration religieuse que toute émancipation morale, sociale et sexuelle doit logiquement chercher à éloigner ? Pourquoi le suffrage universel, celui des deux sexes, serait-il plus à craindre que celui de l'exclusive universalité masculine ?

Qui de nous n'a entendu dire à l'homme le plus perverti et le plus dépourvu de sens moral, qu'il ne consentirait pas à épouser une jeune fille qui n'irait pas à la messe ? C'est qu'en effet, tout homme veut être maître chez lui, et la religion est le premier de tous les codes qui ait, avec la force brutale et avant celle-ci, complètement asservi la femme à l'homme. Les maris ne deviennent vraiment libres-penseurs que le jour où ils s'aperçoivent que l'Eglise a plus d'empire sur les femmes qu'eux-mêmes.

La classe parasite règne par deux grands moyens : le militarisme et la religion, ces deux gendarmes chargés par la classe possédante et le sexe dominant de les défendre contre la classe productrice et le sexe reproducteur. Le sexe fort domine également l'autre par la force musculaire et l'asservissement de la crédulité féminine.

L'armée est faite pour défendre le territoire, aux mains de la classe possédante, contre les ennemis du dehors et les dépossédés du dedans. La classe dépossédée formant l'immense majorité d'une nation constitue la presque totalité de l'armée et grâce à la discipline qui est une sorte de religiosité militaire, la partie armée de la classe dépossédée défend contre celle qui ne l'est pas le patrimoine de la classe accaparante. Le peuple a ainsi, en lui-même, son plus implacable ennemi; il en a souvent fait l'expérience.

La religion est l'autre instrument de coërcition. On a successivement fait adorer aux peuples différents dieux appropriés à leur crédulité propre, et aussi à la discipline sociale qu'on voulait leur imposer. Le dernier de ces dieux est le Dieu du Travail, qui, sous le nom de salariat, cache avec peine la dernière et la plus abominable forme d'escroquerie et d'usure qui nous soit restée des exploitations anciennes. Aujourd'hui, le peuple s'est entendu si souvent répéter par les économistes patentés que le travail était l'unique source de la fortune qu'il commence à désirer, comme le bonhomme de La Fontaine, briser son idole pour reprendre l'or qu'il y a mis. Cependant, le culte du Dieu Travail s'est si bien imposé, le salaire a si longtemps été l'unique soutien de ceux qui produisaient tout, que les plus ambitieux se sont longtemps contentés d'exiger du travail et même du plomb. La misère rend peu exigeant. Aujourd'hui, instruits par l'inutilité de leurs réclamations trop modérées et par la propagande révolutionnaire, ils demandent « le produit » de leur travail, et leur audace fait que l'on commence à les écouter. Quand la religion du travail mercenaire, le culte du salariat auront disparu des cerveaux ouvriers, il y aura longtemps que le culte des anciens dieux sera dissipé.

C'est donc de cette seule religiosité que devraient se préoccuper les socialistes. Les autres ne sont pas à craindre.

L'ordre et la religion sont les deux premières choses qu'assurent les différentes fractions de la classe possédante, qui se succèdent au pouvoir. Le peuple en a toujours eu plus qu'il n'en souhaitait.

D'autre part, quand on considère combien les dogmes de la religion, quelle qu'elle soit, sont chose masculine, étroite, inféconde et fixe, on y sent immédiatement l'instrument de discipline, de domination et d'extinction. De race à race, de classe à classe, de sexe à sexe, l'arme est bonne.

La nature de la femme, sans cesse en contact avec la vie physique, par ses multiples attributions sexuelles et sociales, par les incessants rappels de ses délicates et puissantes aptitudes physiologiques, n'eût pas trouvé les bizarres conceptions théistes dont nous nous étonnons encore aujourd'hui, avec les vieux dogmes orientaux mal ajustés, rapiécés de légendes locales, et reprisés de symbolismes surannés, avec leur esprit de militarisme évangélique, de scolastique psychique, d'artificialisme à outrance, et par dessus tout de profond individualisme. Une mère eût trouvé autre chose et mieux. La nature eût cherché avec elle et pour elle ;

la vie de l'espèce est dans la femme et la religion y eût trouvé une formule autrement large et féconde, générale et évolutive, si la domination masculine ne lui avait imposé son action restrictive, stérilisante, atrophiante.

La femme avait une religion toute prête : la maternité, l'adaptation des merveilleuses facultés de son être aux besoins moraux et physiques de la vie de l'espèce, et si la femme occupait la place due à son sexe dans la vie sociale, il n'y aurait plus de religion, et il n'en serait plus besoin, surtout pour l'enfant. La vie individualiste de l'homme, son égoïsme naturel d'être qui se suffit, pouvait seul le conduire aux conceptions si niaisement définies et si artificielles dont il s'est fait lui-même sa religion, et qu'il a imposées à la femme. Le Dieu qu'il a créé à son image ne ressemble qu'à lui ; le Dieu créé à l'image de la femme eût ressemblé à la nature, il eût vécu comme elle et en elle ; c'eût été la nature elle-même et son culte serait la fécondité sous toutes ses formes et la vie de plus en plus consciente de l'espèce.

18 mars 1893.

(*L'Harmonie sociale.*)

## BALLES PERDUES

Quand un pauvre petit parti comme le nôtre se voit entouré par tant de préjugés et d'hostilités qu'il lui faut combattre à la fois, il nous semble qu'il devrait se former en carré pour faire front de toutes parts à l'ennemi commun, laissant, sans plus s'en soucier, derrière la ligne de bataille les divergences individuelles et les nuances ou degrés qui peuvent distinguer les participants d'une même cause et d'une même politique. Dans le carré, on peut se tourner le dos sans rompre la solidarité indispensable à la résistance et tous les coups sont dirigés vers l'ennemi.

Bien qu'il soit pénible de se voir mal compris et surtout mal expliqué par nos confrères, les querelles de personnes sont si déplacées dans des organes de parti et nous sont personnellement si odieuses que nous ne voudrions à aucun prix entreprendre de rectifier le tir du camarade qui nous crible de ses balles perdues.

Les individualités sont bien peu de chose alors même qu'on s'en occupe particulièrement ; elles ne sont rien du tout quand on ne s'en occupe pas. Comme socialiste et comme sexualiste, la souci des personnalités nous manque totalement, la nôtre comprise ; nous regrettons qu'on perde un temps précieux à tirer sur nous, quand il y a tant de place ailleurs, et nous continuerons à tirer pour notre compte, comme si véritablement nous n'étions pas trop foudroyés. Cela dit une fois pour toutes.

Tout parti, c'est-à-dire toute agglomération d'individus associés dans un effort politique commun, doit savoir éviter deux grands dangers. Tout d'abord, il lui faut se défaire du culte des personnalités, et chaque partisan doit avoir sans cesse au front cette pensée communiste que chante notre carmagnole : « Tous pour un, un pour tous » !

En second lieu, il est de toute importance de savoir ne pas tomber dans les défauts et les erreurs du parti auquel on succède, car on succède toujours à un parti et le sillon de chaque révolution retrouve en fendant le sol des sillons jadis tracés.

Le quatrième état a travaillé à la révolution du tiers comme à la sienne propre et il a cru faire directement ses propres affaires. En cela il ne s'est trompé que sur le rôle qu'il jouait, et faisant la révolution bourgeoise, il préparait la sienne. Il était indispensable qu'il travaillât à la révolution d'il y a cent ans, provoquant une nouvelle métamorphose de la misère sans laquelle le prolétariat ne pouvait atteindre l'état adulte et l'âge des volontés fécondes. Il a été inconscient de son avènement véritable comme la larve qui vit sa vie larvaire avant d'atteindre l'éclosion de la forme parfaite, celle qui sera la négation de toutes les formes antérieures

Le monde ouvrier a vécu ainsi, couvant sa révolution sous une forme qui ne pouvait être définitive et dernière. Il s'est nourri de philosophie bourgeoise et a cru trouver son émancipation dans des formules que sa mue lui fera laisser sur le bord du chemin. On lui a appris pratiquement ce qu'il fallait entendre par les mots de liberté, d'égalité et de solidarité. Il sait aujourd'hui que les formules métaphysiques ne régissent pas le monde, et que les idées de liberté et d'égalité sont anti-humaines comme elles sont antiphysiques. Il comprend qu'il n'y a pas d'organisation sans dépendance réciproque, pas de vie sans organisation, et que la division du travail et la spécialisation impliquent le parasitisme réciproque. Il a brisé avec l'anarchisme, ce vieux poison christiano-bourgeois, cette dernière révolte de l'individualisme contre le socialisme, du particularisme contre le communisme.

Il est dans l'intérêt et dans les conditions du développement de tout parti de se spécialiser dans sa formule propre et de prendre de plus en plus consciemment place entre la révolution d'hier et celle de demain. Le parti ouvrier, le parti socialiste succède aux partis individualistes qui ont morcelé le territoire et les fortunes nationales pour permettre le libre jeu de l'usure capitaliste par le salariat et la circulation du crédit. Il se sert à son tour, comme le Tiers-État s'est servi du Quart-

État, pour sa révolution propre, du mouvement sexualiste qui se dessine, et en cela il est logique et clairvoyant. Il ne saurait trop s'en servir, en élargissant sa formule révolutionnaire et en montrant que sa révolution économique, dirigée contre l'usure et la propriété individuelle, est la condition de l'émancipation de toute production, économique ou physiologique, et que la femme « ne trouvera son émancipation sexuelle que dans le travail affranchi ».

Il ne pourra aboutir à sa révolution définitive et la confirmer sans la coopération de la femme qui assurera par elle son émancipation économique d'abord, sexuelle ensuite. Nous avons sans cesse répété que la cause sexuelle ne pouvait se manifester que pendant et après la révolution sociale, jamais avant.,

Le sexualisme a sa place faite dans l'histoire des doctrines et des théories, et nous ne désespérons pas de convaincre un jour nos camarades de lutte qu'il y a tout de même entre les sexes des différences plus grandes, et par conséquent des aptitudes sociales plus nettement tranchées qu'entre les blonds et les bruns. Jamais nous n'aurions imaginé que l'homme égalât la femme dans le rôle de reproduction, qui est un rôle économique comme tous les autres et plus noble que tous les autres ; jamais nous n'aurions non plus supposé que le nouveau-né et le vieillard fussent aptes aux mêmes fonctions que l'adulte des deux sexes. Il y a des différences entre les individus et, par suite, pas d'égalité individuelle ; des différences entre les âges, entre les sexes, et, par suite, pas d'égalité sexuelle, cette idée ne nous semble pas si fantaisiste, et c'est même sur cette différenciation des aptitudes physiologiques que repose la véritable économie sociale, tant dans les fonctions sexuelles que dans les charges individuelles.

Nous avons connu des ouvriers qui croyaient sérieusement que le rôle du capitaliste dans la production était égal à celui des travailleurs et nous avons dû lire dernièrement un article qui nous a fait reconnaître qu'il existait encore des femmes disposées à penser que le rôle de l'homme dans la reproduction égale celui de la femme. Ceux-ci et celles là ne sauront jamais ce qu'est le socialisme, ni ce que sera le sexualisme, mais nous pensons que le sexualisme et le socialisme peuvent continuer à marcher sans leur aide.

La femme a encore le préjugé de la prédominance masculine dans toute production, même dans la production de l'espèce, comme l'ouvrier a encore le préjugé du capitaliste. Et cependant, si l'ouvrier ignore quelle est la part qu'il apporte dans la production économique, peut-on admettre que la femme ne puisse mesurer son apport dans la création physiologique, et le comparer à celui de l'homme ? La question est cependant simple ; la femme apporte dans l'entreprise un capital égal à celui de l'homme, elle a en plus les risques individuels et sexuels, son travail, son temps, sa vie, et, comme l'ouvrier, elle est sans droits nominatifs ou effectifs sur l'énorme plus-value qu'elle a créée seule.

Nous n'accepterons jamais l'idée d'égalité entre sexes en matière sexuelle, ce serait incompréhensible : les deux sexes étant différents ne peuvent pas être égaux, nous pensons pouvoir oser l'affirmer avec quelque vraisemblance ; non plus, l'idée d'équivalence, puisqu'en matière de reproduction un sexe fait tout, l'autre rien. Donc, ni égalité, ni équivalence en matière sexuelle. En matière sociale, c'est tout autre chose, et nous ne l'acceptons pas davantage. Les aptitudes sexuelles de l'homme et de la femme diffèrent sans doute infiniment plus que les aptitudes individuelles, mais celles-ci ne sont pas identiques néanmoins, la femme compensant par sa supériorité intellectuelle son infériorité musculaire par rapport à l'homme.

L'idée fondamentale de toute la philosophie biologique est celle de la division et de la distribution du travail, c'est-à-dire la sélection organique d'où dérivent les autres sélections sexuelles et sociales. Les individus diffèrent entre eux de sexe, d'âge, d'aptitudes musculaires et nerveuses, comme de tempérament et d'hérédité, comme de besoins et de puissance, comme d'habitat et de situation sociale ; n'y a-t-il pas là une indication toute naturelle à des différenciations sans fin et à des distributions de devoirs, de charges et de satisfactions que devra régler la vie sociale dans le tassement passager qui suivra la révolution aujourd'hui commencée ?

La révolution que nous attendons n'aura pour effet que de donner une composition plus heureuse aux aptitudes individuelles, sociales et sexuelles qui forment le patrimoine de l'espèce dans l'espace et dans le temps. Elle sera une révolution biologique avant d'être économique et surtout politique. La distribution du travail et sa division continueront après comme avant à diriger le monde ; nous n'avons rien de mieux à faire qu'à leur faciliter consciemment la besogne et à continuer de tourner dans le même sens que la terre.

Et c'est sur le terrain biologique que la question sexuelle se dresse derrière la question sociale ; sur le terrain économique que la lutte des sexes va s'engager avec la lutte des classes, sur le terrain politique que le parti sexualiste va emboîter le pas au parti socialiste. Tant pis pour ceux qui ne le voient pas et perdent leurs balles dans les rangs amis, sans se donner la peine de regarder où ils tirent, aveuglés par leur propre fumée.

13 mai 1893.

(*L'Harmonie sociale.*)

## A PARTE

Il y a et il y aura sans doute toujours des gens qui ne peuvent comprendre du premier coup. Quand nous avons voulu caractériser d'un mot le mouvement féministe et donner un nom à la doctrine qui devait le guider, le mot sexualisme nous a séduits tout d'abord par sa grande simplicité, et par la correction même de sa structure. Mis à côté du mot socialisme, il s'en rapprochait encore par la richesse même de la rime et se superposait exactement à lui par le nombre de ses syllabes. Il était de plus, au point de vue grammatical, extrêmement propre à se laisser assimiler au corps de la langue. Au point de vue de sa signification, comme nous voulions identifier aussi étroitement que possible le socialisme et le sexualisme dans ce qu'ils ont de commun, — c'est-à-dire l'émancipation des forces productrices de la société d'une part, et de l'autre l'émancipation de ses forces reproductrices, l'identité de revendications, c'est-à-dire l'expropriation révolutionnaire et l'appropriation collectiviste du patrimoine social accaparé actuellement par une classe parasite, — et laisser néanmoins apparaître la différence des deux formules en ce que l'une ne dépassait pas la lutte économique des classes tandis que l'autre abordait directement la lutte économique des sexes, nous avions trouvé cette ressemblance dans le mot, si heureuse pour manifester la ressemblance dans la chose, que nous pouvions espérer être immédiatement compris.

Dénaturer les écrits de ses adversaires pour les mieux réfuter est une arme tellement déloyale que nous ne voudrions pas la supposer dans les mains de nos pires ennemis. Mais dénaturer les écrits de ceux qui luttent dans le même rang pour les combattre au nom de nous ne pouvons nous figurer quel sentiment, cela est inadmissible et nous ne nous arrêterons jamais à de semblables suppositions.

Ce mot de sexualisme, si doux, si musical, si ondulant, si féminin dans sa forme, a pourtant le triste privilège d'empêcher quelqu'un de dormir, et cette fâcheuse insomnie est traversée de cauchemars bruyants qui nous ont valu déjà deux féroces articles. Il n'y a qu'un songe, — devrait-on s'inquiéter d'un songe ? — il n'y a qu'un songe, et des plus creux, qui puisse avoir ainsi dicté à notre distinguée camarade les descriptions edgar-poétiques sous lesquelles nous revient le sexualisme qui l'a visitée.

Le premier article, qui nous surprit dans un journal ami, fut laissé par nous sans réponse, et abandonné comme un de ces « langes depuis longtemps déployés » dont parle l'auteur, et qu'il est bon de ne laver qu'en famille. Mais, à l'occasion du 1<sup>er</sup> Mai, le lange est devenu bannière et la plus extravagante excommunication fut lancée contre les sexualistes, surpris tout d'abord qu'on les crût si nombreux et si redoutables. Peut-être ne faut-il voir dans cette bizarre sortie qu'une obligeante réclame pour le parti qui cherche à s'affirmer : elle est dans ce cas bien singulière ; peut-être faut-il y voir tout le contraire d'une réclame, et, dans ce cas, la maladresse de son auteur aurait encore des résultats on ne peut plus satisfaisants pour nous.

Pour le moment il nous est pénible de voir des phrases que nous avons tant de fois répétées, si mal comprises et si mal traduites, et même si mal réfutées. Il n'y a pas, dans les citations que fait de notre texte notre aimable camarade, une seule citation qui soit prise dans son sens exact. Et si la chose en valait la peine, et s'il y avait dans notre parti un conseil de discipline, nous demanderions pour l'auteur de cette nouvelle manière d'accommoder les textes la peine la plus atroce qu'on puisse lui infliger, celle de relire ou plutôt de lire les articles dont elle a parlé. En attendant, ses attaques auront plusieurs résultats. Tout d'abord, d'entretenir une douce gaîté dans les rangs extraordinairement nombreux de l'armée sexualiste dont la vision l'obsède ; puis de faire naître de l'horreur même de nos doctrines, un attrait particulier pour les esprits curieux ; puis d'amener à nous des lecteurs qui ne nous eussent pas trouvés sans la chaleureuse réclame qui nous est faite ; puis enfin d'éclairer bien des gens sur la netteté et la valeur de notre doctrine par la bizarrerie même et l'incohérence de sa réfutation. Tout ceci est de l'excellent ouvrage et nous n'opposerons à cette attaque que la solidité même de notre théorie et l'ineffable douceur de ce mot sexualisme qui a tant troublé certaines oreilles. Nous avons écrit tout un programme, à l'occasion du 1er mai, nous en ferons une brochure s'il le faut ; le mot et la chose passeront et feront école.

Néanmoins, il faut avouer qu'il y a chez les partisans de l'émancipation féminine une foule d'idées encore peu mûres, incomplètes, et que cette cause si large prend dans certains cerveaux la forme tortueuse et tous les caractères des plus étroits préjugés. La plus absurde de toutes consiste à ne plus tenir compte des différences profondes qui, plus encore que les classes, distinguent les sexes, et à s'appuyer sur des sentiments égalitaires mal compris et dont le mirage fausse toute la tactique révolutionnaire. Promettre aux salariés de faire d'eux des capitalistes, sous prétexte d'égalité, serait absurde de la part de révolutionnaires qui cherchent à détruire le capitalisme lui-même. Promettre aux femmes de faire d'elles des hommes, sous prétexte d'égalité, est parfaitement déraisonnable, puisque l'on cherche en réalité à faire sauter le moule exclusivement masculin où se fige depuis des siècles toute l'évolution sociale. Nous qui sommes personnellement convaincus de la grande supériorité sociale et individuelle de la femme, nous n'aurons jamais l'idée d'engager les hommes à chercher à s'identifier le plus possible aux femmes. Le parti féministe en est actuellement, en général, comme doctrine, à quelque chose comme le *partagisme* dans les anciennes conceptions communistes. Il faut qu'il comprenne que, dans l'émancipation sexuelle, sociale et individuelle de la femme, il s'agit non pas d'une égalité toujours factice et irréalisable entre individus, entre classes et entre sexes, mais de l'affranchissement même de l'espèce et de la sécurité de son évolution, compromise par la domination exclusive d'une classe et d'un sexe.

8 septembre 1895.

(*Le Socialiste.*)

# L'ADOPTION NATIONALE

Les socialistes sont les ennemis de l'ordre. Songez donc qu'ils veulent que dans la société les intérêts qui unissent les individus l'emportent sur ceux qui les divisent ; ils veulent supprimer les antagonismes individuels en faisant de la nation un corps organisé, vivant de sa vie saine et féconde, créant aux individus un milieu social où chacun ait plus d'intérêt à être honnête qu'à ne l'être pas, et rendant ainsi inutiles la magistrature, l'armée et la police, sans lesquelles chacun sait qu'il n'existe pas d'ordre véritable.

Les socialistes sont les ennemis de la société. Ils ne parlent, en effet, que de socialiser, de nationaliser, de mettre en commun, d'associer les forces dans une orientation commune, au lieu de laisser se déchaîner cette lutte anarchique et mortelle qu'on appelle la concurrence et sans laquelle il n'est pas, paraît-il, de progrès, et de la remplacer par l'émulation, qui est un mot vide de sens dans un milieu individualiste.

Ils sont les ennemis de la religion, prétendant que chacun peut avoir la sienne sans qu'on ait le droit de la lui imposer, ce qui ferait presque autant de religions que d'individus, peu de gens sachant encore vraiment s'en passer. Or, chacun sait qu'il n'y a qu'une religion, une vraie, puisqu'on dit la religion ; mais on n'a pu encore fixer laquelle.

Les socialistes sont les ennemis de la morale, puisqu'il n'y a pas de morale sans religion et sans préjugés ; — de la liberté, puisqu'ils n'admettent pas qu'on laisse tout faire, qu'on laisse tout passer ; — de la propriété, puisqu'ils veulent nationaliser cette intangible propriété individuelle que les gens d'ordre se contentent de féodaliser.

Quant à la Famille, c'est encore plus odieux. Ils n'admettent plus que le père seul fasse l'enfant et prétendent que la mère y est bien aussi pour quelque chose, et qu'il est au moins singulier de donner le nom du père à un enfant fait par la mère. Ils professent que tant en matière de reproduction qu'en matière de production, c'est celui qui crée, qui doit pouvoir disposer de sa création et au moins lui donner son nom.

Dans cette entreprise physiologique qu'on appelle la génération, l'homme et la femme apportent chacun de leur côté une part que l'on peut considérer comme équivalente, mais la femme y ajoute ensuite, par la gestation, par l'enfantement, par l'allaitement, une plus-value énorme, tandis que le rôle physiologique du père est depuis le début terminé.

Ils disent encore que les suites malheureuses, les accidents, les risques sont du côté de la femme, et que, pour elle, le mot *prolétaire*, qui, du sens de producteur et de reproducteur, est arrivé forcément à celui de dépossédé anonyme et misérable, asservi et méprisé, exproprié de son produit et de toute autonomie individuelle, physiologique et sociale, le mot prolétaire résume pour la femme toutes ses terribles significations.

Dans l'industrie, le produit porte le nom du patron, c'est le patron qui a tout fait ; dans la famille, le produit, cette merveille qu'est l'enfant, porte le nom du père, c'est le père qui a tout fait. Quant à la mère, son travail est anonyme comme celui des ouvriers. Les ouvriers n'ont aucun droit sur le produit de leur travail quand ils ont reçu un salaire qui équivaut à peine à la moitié de ce travail ; la femme non seulement ne donne pas son nom à ses enfants, mais elle a cessé de porter le sien. Le produit doit porter l'étiquette paternelle ou patronale. Et cette idée que le produit doit cesser d'appartenir à celui qui le crée pour revenir à celui qui l'a regardé faire est si ancrée dans nos esprits, que les ouvriers l'acceptent ainsi, que les femmes ne protestent pas.

Cela, c'est l'ordre et la légitimité. Mais quand la reproduction est illégitime, c'est-à-dire quand l'homme ne signe pas l'œuvre de la femme, l'enfant est supposé avoir poussé comme un champignon, il est naturel. On n'est le fils de personne quand on n'est que le fils de sa mère ; quelqu'un, c'est forcément un monsieur. La femme est si peu de chose dans la société masculinisée où nous vivons, que la maternité, la première de toutes les productions sociales, n'est rien ; c'est la paternité qui compte. Il faut que la mère et l'enfant portent l'étiquette du patron.

Ce patronat familial choque les socialistes, gens faciles à scandaliser, presqu'autant que la patronat industriel. Les femmes ne s'occupent guère plus, actuellement, de leur condition sociale, que ne faisaient de la leur les ouvriers avant l'organisation du prolétariat.

Donc, les socialistes se proposent d'entamer la famille comme les autres bases de la société. Jadis on rêva un communisme assez bizarre qui mettait les femmes en commun, c'est-à-dire qu'on les considérait simplement comme des moyens de reproduction qu'il fallait traiter comme on veut faire aujourd'hui des moyens de production. C'était un peu vif et cela n'avait rien de socialiste ; ce n'était guère que du masculinisme communiste.

Aujourd'hui les socialistes se préoccupent surtout du patronat industriel et délaissent le patronat familial. Celui-là regarde les femmes, qui ne s'émanciperont qu'elles-mêmes, comme auront fait les travailleurs. Mais cependant, ne fût-ce que par généralisation de leurs principes, les socialistes doivent pénétrer dans la famille. Où pénètre-t-on mieux au sein de la famille que par la brèche largement ouverte de l'illégitimité; c'est-à-dire dans la famille dans laquelle le père fait défaut ?

La femme et l'enfant abandonnés constituent le grand crime de la société masculine, que le sexualisme attaquera quand le socialisme aura fait tomber la société capitaliste. La maternité, cela veut dire une femme en danger de mort et un enfant en danger de ne pas vivre. Quand elle est illégitime, c'est, en plus, une déchéance sociale pour la mère et pour l'enfant. Le père, qui appartient au sexe auquel nous devons les lois et la morale qui laissent passer tant de crimes, le père n'encourt aucune responsabilité, puisque, civilement, il n'y a pas de père ; quant à la responsabilité morale, elle se trouve grandement soulagée par la réprobation dont le cynisme masculin a eu soin de couvrir la mère et l'enfant. La mère est inexcusable, car elle devait savoir qu'elle aurait tout contre elle ; quant à l'enfant, il ne mérite par l'honneur de porter le nom de son honnête homme de père et il gardera la honte de porter le nom de sa mère. C'est bien la morale masculine toute empreinte de cette évidente supériorité que l'homme se reconnaît si complaisamment.

Beaucoup de gens, cependant, jugent que le père qui abandonne la mère et l'enfant est un misérable qu'il faut dépouiller de son titre de citoyen, priver de son vote comme un malfaiteur ou un soldat, et surtout condamner à subvenir aux frais de ces deux existences dont il s'est séparé. C'est aussi notre avis.

Mais comment ? La recherche de la paternité ? Mais elle est dans l'ordre moral ce que sont la coopération, la participation aux bénéfices, les caisses de retraite, l'arbitrage dans l'ordre économique, des moyens ternes. S'ils étaient bons, le capitaliste ne les laisserait se réaliser qu'en petit, comme soupapes de sûreté. S'ils se réalisaient en grand, ils feraient comme ces navires des Mille et une Nuits dont les clous et les agrès étaient at-

tirés par la montagne d'aimant ; leurs éléments se désa-
grégeraient pour voler au socialisme. Aussi ceux-là
mêmes qui les préconisent ne comptent nullement
sur leur réalisation.

Cette paternité, il faudrait la prouver. Or, c'est ici
qu'éclate la logique si particulière aux gens d'ordre et
de morale. On peut, n'est-ce pas, toujours prouver une
maternité, jamais une paternité. On peut constater
qu'une femme a eu un enfant, un homme jamais. De
plus, on peut attribuer tel enfant à sa mère, ne fût-ce
qu'à la naissance, on ne peut jamais l'attribuer à son
père. Eh bien, c'est cette possibilité d'établir la filiation
maternelle qui consacre l'anonymat de la mère ; et
c'est sur l'impossibilité d'affirmer la filiation paternelle que repose le principe de la légitimité et de la famille telle que l'a voulue l'homme.

L'enfant porte le nom de son père parce que rien ne
prouve qu'il soit né de lui ; il ne porte pas le nom de
sa mère parce qu'on peut prouver qu'il est son fils.
C'est plus fort que le jugement de Salomon.

Quand il y a un père, rien ne prouve que l'enfant
soit de lui ; comment ferez-vous pour le prouver quand
il n'y en a pas, de père ?

Supposons cependant que les partisans de la recherche de la paternité aient une bonne recette et que
le père se retrouve avec la dernière facilité.

Que veut-on de lui ? Qu'il redevienne de force le père
de cet enfant dont il a déjà cherché à se débarrasser ?
Belle prime à l'infanticide. Et cet homme qui a abandonné femme et enfant, ce mauvais citoyen, c'est lui

que vous allez vous donner tant de peine à retrouver ?

Ou si ce n'est pas une vraie paternité, c'est au moins une subvention qu'on réclame de lui ? Soit, s'il a les moyens de subvenir ; mais s'il ne les a pas ? Et le chantage, aujourd'hui consacré par toute une jurisprudence de non-lieu, n'a-t-il pas là une belle matière à exploiter ?

Non, les socialistes et les femmes ne doivent pas admettre l'idée de voir consacrer le dogme paternel précisément dans le cas où sa restauration serait le moins justifiée. Ce n'est pas quand la paternité fait banqueroute qu'il faut l'imposer. La paternité est une capitalisation de la famille et de l'espèce ; et, s'il y a au monde du travail non payé, c'est bien la maternité ; sans compter que c'est le plus meurtrier de tous.

Ce que doivent demander et les femmes et les socialistes, c'est que la nation se substitue à cette vaine paternité, et là où il n'y a pas de père, double la maternité féminine d'une maternité nationale infiniment meilleure et plus noble que toutes les paternités individuelles. Il ne s'agit pas d'assistance, de charité, de pitié, mais d'un acte légal de légitimation et d'adoption complète.

Que la nation, représentée par la commune, remplace le père absent dans tous ses droits et ses devoirs, prenne ses charges et ses responsabilités. La nation ne peut-elle, sans choquer même aucun préjugé, adopter et faire légitimer les petits sans père qui naissent chaque année en si grand nombre ?

Est-ce attenter au principe de la famille ? Pas même,

puisque c'est précisément là où il n'y a pas de famille, pas de père, que la nation intervient. Est-ce une charge pour la nation ? Comment le soutenir, puisqu'il s'agit d'attribuer à la nation le rôle qu'on prétendrait faire jouer à des individualités isolées. Quel père est aussi riche que la nation et y a-t-il beaucoup de charges aussi urgentes que celle de faire vivre la nation de demain ?

Est-ce, comme on le prétendra, un encouragement à l'inconduite ? Je crois que l'on peut, dans la période bourgeoise que nous traversons, admettre que, tant légitimes qu'illégitimes, la grande majorité des enfants ne sont pas faits exprès. En période individualiste, les enfants sont une gêne, parce que leur charge est individuelle : d'où la dépopulation. En période socialiste, c'est le contraire.

Quand une fille se dérange, est-ce pour le plaisir de donner un enfant à la société ? Si les enfants doivent être protégés et légitimés à leur naissance, on n'en fera pas plus pour cela, mais on en tuera certainement moins et il en mourra moins.

Est-ce enfin faire aux enfants naturels une situation meilleure que celle des enfants légitimes ? Mais il serait alors bien simple de rendre cette adoption facultative pour tous, enfants naturels, légitimes, orphelins ou enfants de divorcés.

Donnez à la Commune représentant la nation le droit et les moyens d'adopter et de faire légitimer les enfants à qui l'homme a fait faillite, de se charger de leur éducation et de leur entretien ; qu'ils portent le nom de leur mère et entrent dans la grande famille nationale, aussi légitime que n'importe quelle autre. Chaque enfant aurait ainsi, eût dit Jefferson, deux mères, la sienne et la nation, la mère-patrie. C'est à la collectivité, non de recueillir, mais d'adopter les enfants abandonnés par les individus.

Enfin, si ce n'est pas encore du communisme, c'est-à-dire l'idéal d'une société organisée et de pleine maturité, ce serait au moins un peu de l'avenir qu'on enfoncerait comme un coin dans une des fissures de la société présente.

### XIII<sup>e</sup> CONGRÈS NATIONAL DU PARTI OUVRIER FRANÇAIS

Romilly, 22 septembre 1895.

Le Congrès prend en considération et renvoie au Conseil national une proposition tendant à attribuer à la commune la faculté d'adopter et de légitimer les enfants naturels nés sur son territoire en leur laissant le nom de leur mère. Cette légitimation fera des enfants naturels les égaux des enfants dits légitimes et donnera à la commune les droits, charges et devoirs reconnus légalement aux pères légitimes.

Lundi, 13 avril 1896.

(*L'Humanité*, lettre à Zévaès.)

# SEXUALISME ET SOCIALISME

Permettez à un camarade du Parti, et dont vous ne suspecterez par les convictions socialistes, de s'étonner de l'intervention quelque peu réactionnaire de certains des nôtres dans la question féministe. Il y a deux ans, M<sup>me</sup> Mink, hier Parjal, aujourd'hui les étudiants collectivistes et vous-même, vous êtes élevés contre toute idée de lutte des sexes, — sans doute on a assez longtemps combattu la théorie de la lutte des classes pour qu'on mette du temps à voir celle des sexes, — mais vous autres ?

Il serait amusant, et un peu long, de mettre à côté de votre argumentation contre la lutte des sexes celle qu'on nous a si souvent servie et que vous avez toujours si nettement combattue contre la lutte des classes. Les sexes sont donc moins opposés que les classes ? N'y a-t-il pas un sexe qui produit tout, en matière d'espèce et d'humanité ; n'est-il pas dépossédé de son produit, asservi en raison même de l'infériorité où le placent les conditions actuelles et individuelles de cette production? La femme donne-t-elle plus son nom à son enfant que l'ouvrier ne donne le sien au produit de son travail? Est-ce que la paternité, telle qu'elle existe aujourd'hui, n'est pas une capitalisation au profit de l'homme? L'enfant est légitime quand il porte l'étiquelle patronale, c'est-à-dire le nom de son père et quand sa mère, celle qui l'a fait de sa chair, de son sang et de son lait, et parfois de sa vie, a elle-même perdu son propre nom.

Les risques physiologiques de la maternité sont-ils moindres que n'importe quel risque professionnel? L'espèce, que fabrique la femme, n'est-ce pas le type du travail non payé?

Nos camarades considèrent que seul le socialisme peut conduire à l'affranchissement complet de la femme. Il conduira à l'une de ses conditions premières, l'émancipation économique, à son affranchissement comme ouvrière, mais non encore comme femme. Notre programme est trop étroit sur ce point. Il demande la suppression de tout ce qui, dans le Code, consacre l'infériorité de l'ouvrier vis-à-vis du patron, et de la femme vis-à-vis de l'homme. C'est bien platonique de n'attendre une transformation sociale et économique que d'un article du Code.

Est-ce que le Code n'est pas la dernière chose qui change, et sont-ce les mœurs et, comme nous disions, les fluctuations d'ordre économique qui font varier le Code, ou bien est-ce le Code qui modifie les mœurs?

Vous savez convenir que si le programme du Parti ne demandait rien de plus que l'abrogation de certains points du Code, il ne demanderait pas grand'chose. C'est à peu près tout ce qu'il demande pour la femme, en tant que femme et non comme ouvrière. Bien plus, un autre article de notre programme, l'égalité de salaire pour les deux sexes à travail égal est tout au désavantage de la femme, car le jour où pour le même travail il faudrait payer la femme au prix de l'homme, c'est à ce dernier que l'on s'adresserait. Cet article, et il m'en coûte de le dire, est du pur protectionnisme masculin.

Le socialisme conduit à l'émancipation de la femme, au même titre qu'à celui de l'homme, c'est-à-dire comme individu... Il est évident que le maximum de liberté, de développement et de puissance individuels est réalisé par le maximum d'organisation sociale et par le minimum d'anarchie et de concurrence interindividuelle, c'est-à-dire intra-sociale ; — mais l'affranchissement de la femme comme femme relève de la lutte des sexes, et la question économique ne fait que la préparer et en hâter la solution, — mais non la résoudre.

La lutte des classes intéresse la femme comme l'homme, et de plus en plus ; à ce titre, la femme doit être socialiste comme nous et plus que nous, car ses intérêts sont plus grands que les nôtres dans la solution collectiviste.

Mais la lutte des sexes, la question sexuelle, le sexualisme, puisque vous acceptez ce mot, sont des formes de l'évolution qui sont parallèles à la lutte des classes, à la question sociale et au socialisme.

Vos amis sont peu aimables pour les femmes qui se sont lancées dans la lutte, d'une façon souvent ridicule et absurde ; n'en a-t-il pas été longtemps de même des premiers socialistes ?

Les moyens bourgeois et les buts bourgeois qu'elles préconisent, presque toujours très raisonnablement et très sagement, doivent-ils duper les ouvrières plus profondément que les moyens et les buts bourgeois que nous préconisons nous-mêmes ? Quand nous parlons d'un minimum de salaires, rêvons-nous donc une société où il y aurait encore des salariés ? Quand nous mettons certaines charges au compte des patrons, nous voulons donc une société où il y aurait des patrons veillant paternellement sur leurs employés ? Et l'héritage ? Mais d'autres choses qui semblent hurler sur notre programme, ne sont-ce pas des choses bien bourgeoises pour le parti socialiste ouvrier ? Notre programme n'a pas de buts bourgeois, mais, cherchant à transformer des choses bourgeoises, il doit les prendre comme elles sont tout d'abord. La femme cherche à transformer le mariage et le régime matrimonial comme nous cherchons à modifier les rapports existants entre le patronat et le salariat. Pourquoi seraient-elles plus bourgeoises que nous ?

Combien avons-nous mis d'années, nous socialistes, à comprendre qu'il fallait nous organiser en parti de classe, à entrer en lutte politique sur le terrain politique et à reconnaître que, pour aller de Paris à Rome, c'était à Paris et non à Rome qu'il nous fallait prendre le train ?

Les femmes font comme nous, et elles s'organisent en parti de sexe, entrent en lutte sur le terrain politique ; elles ont l'intelligence plus rapide et plus pratique que nous. Il ne faut pas leur en vouloir.

Que la question économique domine toutes les autres, d'accord. Mais à côté de la femme qui près de nous travaille comme ouvrière, et à ce titre doit être socialiste comme nous, il y a aussi la femme qui, à part nous, travaille comme femme et comme mère, et ce travail doit être aussi considéré comme chose économique et économiquement étudié. Mais qui dit économique ne dit pas seulement socialiste, la forme socialiste n'est qu'une des trois formes d'évolution qui est à la fois individuelle, sociale et sexuelle. Que les mêmes principes économiques et biologiques président à ces trois formes, cela est évident ; mais pourquoi dire qu'il n'y a qu'une question sociale ? Il y a cent questions, et religion, et race, et sexe, etc... puisque ces choses-là existent et créent des antagonismes.

La grande erreur des socialistes est de n'avoir pas su encore montrer à la femme que sa condition d'être asservi et dépossédé était le résultat de la persistance des formes de la lutte individuelle et individualiste pour la vie, où chacun est d'autant plus libre qu'il asservit les autres, d'autant plus puissant qu'il exploite ; et que l'infériorité de la femme, comme celle de l'ouvrier, était de produire et d'être dépossédée, d'être utile et d'être asservie, et que dans une société où la production, quelle qu'elle soit, sert l'espèce et non l'individu, les individus sont classés par leur utilité sociale et non par l'exploitation qu'ils exercent sur les autres.

Les socialistes doivent montrer aux femmes qu'elles souffrent des mêmes peines, et qu'après s'être appliqué la doctrine socialiste comme ouvrières et comme individus, elles doivent encore, comme productrices de l'espèce, comme travailleuses de la vie, créer leur émancipation en s'organisant parallèlement à l'organisation ouvrière. La femme a double raison d'être socialiste. Vous voulez l'attirer à vous en niant la question féminine ; mais criez-la au contraire et montrez que les deux questions marchent de pair ; aidez-les pour qu'elles vous aident, vous n'aurez pas d'armée plus active et plus puissante. Elles sont plus dévouées et plus intelligentes que nous.

Et permettez-moi aussi, en terminant, d'observer qu'il y avait pour nos jeunes étudiants socialistes un moyen bien simple de se désintéresser complètement des travaux du congrès féministe, c'était de n'y pas manifester du tout.

Que penseriez-vous des bourgeois révolutionnaires d'il y a cent ans, affirmant aux prolétaires que leur émancipation était forcément contenue dans l'expropriation des deux premiers ordres, noblesse et clergé, et que la bourgeoisie émanciperait le prolétariat en s'émancipant elle-même ? Vous répondriez que l'émancipation des travailleurs ne se fera que par les travailleurs eux-mêmes. Les femmes sont assez de cet avis. Nous, socialistes, nous sommes encore bien masculins, pour un parti qui devrait avoir déjà de l'expérience, et nous devons comprendre que la femme s'émancipera d'elle-même. Elle nous aidera, aidons-la, et tout au moins laissons-la faire. Et si nos jeunes étudiants se désintéressent de la question féministe, qu'ils n'en désintéressent pas les autres.

# LES DOCUMENTS DU PROGRÈS

*Enquête sur le « Problème de la Dépopulation ».*

Avril 1910.

La question de la dépopulation ne doit pas être envisagée seulement au point de vue numérique ; dans la diminution d'une race, d'une nation, il faut considérer la quantité, et aussi la qualité des survivants. Parmi les sédimentations humaines qui se sont superposées dans l'histoire, la Grèce n'a été qu'une quantité négligeable, comme épaisseur ; mais les quelques siècles de son existence ont affirmé une qualité qui illumine encore le monde civilisé. Si la nation française gagnait en qualité ce qu'elle perd en quantité, son rôle historique serait aujourd'hui des plus grands. En est-il ainsi ?

Pour assurer la survivance d'un peuple, toutes les lois, tous les efforts conscients ne valent pas un bon instinct de conservation et de progression. C'est cet instinct qui faiblit en nous. Ce siècle aura été le siècle de la bourgeoisie, et l'instinct d'adaptation y est étouffé par l'instinct de capitalisation. C'est en diminuant la natalité, c'est en rognant sur la race que les fils de la Révolution française ont amassé des milliards, — pour la contre-révolution russe. La France moderne perd en valeur numérique ce qu'elle gagne en valeur numéraire. Il n'en peut être autrement en période de propriété individuelle.

Les conceptions antibiologiques de liberté et d'égalité sont des éléments actifs de désintégration organique et sociale ; et le sentiment, d'ailleurs platonique, de fraternité est forcément stérile en dehors de l'orientation collectiviste.

Dans les sociétés actuelles, dans la barbarie contemporaine, l'homme, le mâle, est le pivot de la société. La femme est l'être accessoire, et l'enfant, c'est-à-dire la race de demain, est un luxe ou un accident. Dans les autres civilisations animales, la conscience de l'espèce domine celle des individus ; le pivot, le but, la raison d'être et d'agir, c'est la progéniture. Dans l'espèce humaine, l'enfant n'est jamais fait exprès ; il est une charge qu'on accepte quand on n'a pu l'éviter ; dans le mariage, on recherche les convenances actuelles et personnelles, jamais l'intérêt de l'espèce. La maternité est souvent infamante et, même quand elle est légitime, évitée le plus possible. C'est d'ailleurs du travail non payé, coûteux même, et par conséquent ingrat et peu apprécié. La classe ouvrière vote ; mais le sexe féminin ne vote pas.

A peine debout sur ses pattes de derrière, l'homme s'est couvert de ridicule en imaginant que tout l'univers avait été créé pour lui par des divinités de sa façon, variant selon les races et les siècles. Un autre ridicule,

odieux celui-là, fut de supposer que la femme avait été
faite pour l'homme et de ne pas voir qu'elle était faite
pour l'enfant, de toutes ses qualités physiques et morales, avant tout maternelles. Cette déviation absurde
du plan biologique montre assez le peu de conscience
que l'homme a su prendre encore des choses de la nature, et quels singuliers sauvages nous faisons.

Nous vivons encore dans l'âge de l'homme, l'âge du
mâle, bien près des cavernes dont se souvient ce dieu
manqué. L'homme a pris conscience, dans sa petite mesure, de l'univers et de lui-même ; même son individualisme est enfantin et primitif, d'un égoïsme étroit ; il
soupçonne à peine cette conscience des intérêts de son
espèce dans l'espace, qui est le socialisme, et moins encore celle de ses intérêts dans le temps, qui sera le sexualisme. Il est heureux encore pour l'évolution de l'espèce
humaine qu'elle relève plus de la moelle que du cerveau.

La forme actuelle de la propriété, l'individualisation
absurde des moyens de consommation, alors que les
moyens de production se socialisent chaque jour davantage, met l'intérêt de l'individu au-dessus des intérêts
de l'espèce, l'intérêt actuel, immédiat au-dessus de la
survivance ; là est la cause profonde de dépopulation. La
paternité et la maternité deviennent des charges écra-
santes pour l'individu isolé ; il s'y soustrait. Le jour où
cet isolement cessera par l'organisation collectiviste,
un individu, la nation, dominera tous les autres, et la
reproduction de la race ne sera plus qu'une charge
physiologique, et non économique. L'instinct et l'intérêt
de l'espèce reprendront le dessus.

# LES DOCUMENTS DU PROGRÈS

*Enquête pour « l'égalité politique de l'homme et de la femme ».*

Mars 1911.

La question sociale est à peine entrée dans la phase consciente que la question sexuelle se pose à son tour ; après la lutte des classes, la lutte des sexes. J'ai cherché, il y a plus de vingt ans, à définir le *sexualisme*, fondé sur les lois biologiques comme le socialisme scientifique l'avait été sur les lois économiques. Mes amis du parti socialiste ont connu cette petite campagne que je fis dans les journaux du parti, où le mot et l'idée furent défendus pendant plusieurs années. Aujourd'hui, je pense que l'idée mûrit, car j'en vois les éléments reparaître spontanément dans des articles dont les auteurs n'ont certainement pas lu les miens. Le mot sans doute va revenir aussi.

Il y a plus d'un siècle que la suppression des castes a permis à toute la moitié mâle de la nation d'atteindre sa majorité sociale. C'est maintenant à l'autre moitié, celle



6

qui porte en elle les intérêts les plus sacrés de l'espèce,
de prendre conscience, responsabilité et autorité dans le
gouvernement des choses de la nation. Dans cette révolution, la plus belle et la plus profonde que soit appelée
à connaître l'humanité, l'émancipation féminine devra
profiter de l'expérience qu'acquiert en ce moment l'émancipation prolétarienne. Elle ne se fera que par les
femmes elles-mêmes, qui ne doivent pas plus compter
sur l'aide des hommes, même les plus sincères et les plus
dévoués, que la classe ouvrière ne doit compter sur la
bourgeoisie pour conquérir sa place au soleil.

Les préjugés sexuels seront plus tenaces que les préjugés sociaux. A mesure que grandit le parti socialiste,
il est naturel que les bourgeois ambitieux y viennent
faire leur stage d'opposition, pour l'abandonner ensuite
le plus malhonnêtement du monde quand leur classe les
rappelle à elle; il y aura toujours un abîme entre
l'extrême-gauche de la bourgeoisie, le radicalisme, et le
socialisme ouvrier. Il en sera de même quand la masse
féminine s'organisera à son tour en parti et prendra
conscience de ses droits à elle, et de ses devoirs envers
l'enfant, c'est-à-dire l'espèce, la nation de demain. La
femme ignore encore ses devoirs sociaux envers l'enfant : elle ne connaît que ses devoirs maternels. Cette
conscience, il ne faut pas la demander à l'homme : il ne
l'a jamais eue depuis qu'il est le maître, et elle n'est pas
dans sa nature.

La femme possède une force physique supérieure à
celle de l'homme, mais d'une autre qualité. Elle ne
pourra pas relever un blessé ; mais elle le veillera vingt

nuits. L'homme pourra au contraire fournir cet effort immédiat ; mais une nuit de veille l'anéantit. Cette force brutale de l'homme lui a donné un esclave et un maître, la machine, qui ne deviendra un agent d'émancipation que quand les moyens de production seront nationalisés et internationalisés, c'est-à-dire socialisés. Mais, du coup, la supériorité de force brutale, dont l'homme abuse depuis des siècles, perdra singulièrement de sa valeur. La résistance aux privations, aux maladies, est plus grande chez la femme, qui a en elle toujours assez de vie pour en donner.

Cérébralement, le cerveau de l'homme semble l'emporter, comme sa taille, son poids, sa force musculaire l'emportent. Il faut beaucoup de substance nerveuse à cette forte et lourde charpente, à ces muscles puissants ; mais, à taille égale, à force égale, à poids égal, le cerveau de la femme l'emporte sur celui de l'homme. Pour la force intellectuelle, il en est de même que pour la force musculaire: elle est d'une autre qualité. L'homme l'emporte comme esprit de création, d'action ; la femme est supérieure par la force d'adaptation, de pénétration, d'assimilation. La femme conçoit vite et bien, et elle énonce clairement. Le langage de l'homme est lourd et lent, comme sa pensée.

Dans les siècles de sauvagerie où la chasse, la guerre étaient tout, l'homme était au premier rang. Il en est encore ainsi dans la période anarchique de chasse et de guerre industrielles où nous vivons. Mais le machinisme diminue cette importance du mâle, et, à mesure que l'humanité va s'élever à son tour au niveau de cette conscience nationale, sociale, où en sont arrivés avant nous certains insectes, l'intérêt de l'espèce grandira en face de l'intérêt si petit et si passager des individus. Le pivot de la société, ce ne sera plus le père, le mari, l'homme ; ce ne sera pas davantage la mère, l'épouse, la femme : ce sera l'enfant. A côté du socialisme, conscience des intérêts de l'espèce dans son milieu, dans l'espace, surgira le sexualisme, conscience des intérêts de l'espèce dans le temps.

N'est-il pas dès maintenant absurde qu'à une époque où l'on parle à nos enfants de leur pays comme d'une grande famille, la femme soit moins encore dans l'Etat qu'elle n'est à la maison ? La patrie est un foyer, mais un foyer dont la mère est exclue. Il semble que le sang national passe de père en fils sans que la mère y soit pour rien. Les vertus qu'on exige d'un bon président de République sont précisément celles d'une bonne maîtresse de maison. Les fourmis, les abeilles ont une reine ; nous, nous avons un vieux président de Sénat.

La femme représente dans la société, outre ses intérêts individuels, qui valent bien ceux des hommes, les intérêts de l'enfant, de la race qui va nous remplacer demain, et qui valent certainement plus que les nôtres, dont la vie est à moitié passée.

L'idée de confier à la conscience masculine des intérêts féminins est déjà bien masculine par elle-même ; lui confier les intérêts de l'enfance l'est au moins autant. Mais l'homme, qui s'est sottement considéré comme le centre de l'univers ne se croit-il pas encore le pivot de la vie ? La femme prend le nom de son mari, l'enfant celui de son père, et Jésus, né d'une vierge, ne s'appelle-t-il pas le fils de l'homme ?

La femme doit, par son intervention dans la vie politique, conquérir le droit de vote et l'éligibilité, comme l'a fait la classe ouvrière. Elle seule pourra défendre ses intérêts et ceux de la race. Elle en est aussi capable dans l'Etat qu'à la maison, et cette émancipation sur le terrain politique et économique est la condition première de son émapcipation morale. Je l'ai écrit autrefois : si les femmes votaient, on ne verrait bientôt plus que de vieux hommes dans les églises.

# TCHERNYCHEWSKI ET L'ÉVOLUTION SEXUELLE

(*Revue Socialiste*, juillet 1885.)

A Mademoiselle E. C.

## I

Une œuvre intellectuelle est vraiment forte quand elle peut être assez consciente de son but pour toucher juste, assez savante et assez puissante pour agir exactement. Tchernychewski a fait cette œuvre qui devait nécessairement produire un si grand effet, car elle possédait en elle ce double avantage de répondre à un besoin encore très peu conscient de la société actuelle par une démonstration complète et précise de l'utilité qu'il y a à connaître d'abord ce besoin pour le satisfaire ensuite, et avancer ainsi considérablement l'observation si nécessaire des lois de l'évolution normale dans l'Humanité.

Présentée sous la forme d'un roman, cette solution ne pouvait avoir la régularité méthodique d'une thèse simplement énoncée et discutée. La vie, l'activité, et surtout le déterminisme conscient de ses personnages se montrent sans doute analysés avec la plus grande puissance d'observation et de critique psychologique, sous une forme le plus souvent expérimentale ; cependant on sent le besoin, après cette lecture, de simplifier pour soi-même, de se formuler synthétiquement l'essence propre de ce déterminisme moral si exactement dévoilé, de cette logique des phénomènes psychiques que possèdent si bien les hommes et les femmes de *Que faire ?* (1), nos maîtres dans une psychologie vraiment

(1) *Que faire ?* par U. G. TCHERNYCHEWSKI (Milan, Bignami, éditeur, 1878).

« *Que faire ?* fut le grand succès littéraire de Tchernychewski. Ce livre écrit de la prison d'où le malheureux écrivain ne devait sortir que pour aller en Sibérie, a enthousiasmé toute une génération russe. Il a été comme l'évangile d'une foi nouvelle ; il a eu peut-être un million de lecteurs qu'il a passionnés ; il a fait des socialistes par dizaines de milliers et il a soulevé une tempête réactionnaire d'une telle étendue et d'une telle intensité qu'elle n'a d'égale pour le nombre des victimes que celle qui a suivi la Commune de 1871. Cette réaction même a décuplé l'influence du livre qui a porté la division jusque dans le sein des familles les plus conservatrices. Dans la plupart des cas, les parents le proscrivaient ? Vaine mesure. Beaucoup de jeunes gens des deux sexes ne se contentèrent pas de lire *Que faire ?* ils voulurent en suivre les prescriptions.

Dans ce but, des centaines de jeunes gens et de jeunes femmes des plus riches familles, se jetaient dans l'étude avec frénésie, se cotisaient pour payer les inscriptions des jeunes paysans intelligents qu'ils connaissaient. Une fois instruits, ils s'en allaient, les uns et les autres instruisaient le peuple. D'autres (des femmes surtout) quittaient leur vie de luxe pour former des sociétés de production, où ils vivaient de leur travail avec les ouvriers et les paysans qu'ils s'étaient associés;

expérimentale, quoiqu'un peu idéaliste. — Le milieu où ils vivent, le milieu d'où est sortie cette question que Tchernychewski a prise pour son litre, ce milieu n'est pas celui où nous sommes habitués à vivre, et l'auteur, qui n'a pas écrit pour nous, ne le décrit pas. Nous devons donc examiner à nouveau la question d'une façon plus générale, en l'abstrayant du terrain slave, où elle s'était posée spontanément.

*Que faire* ? avait donné l'exemple d'un étudiant se mariant sans amour pour délivrer une jeune fille de la tyrannie de ses parents : cet exemple fut mille fois imité. C'est aussi surtout par la publication de *Que faire ?* que fut déterminée l'invasion des grandes Universités européennes par les jeunes filles russes.

Qu'est donc ce livre célèbre ? un simple roman, médiocrement agencé, racontant le mariage de deux socialistes, Dmitri Sergueitch Lopoukoff et Véra Pawlovna Rosalsky et l'union subséquente de Véra et de Kirsanoff (ami intime de Lopoukoff). A cette seconde union Lopoukoff travaille dès qu'il s'aperçoit que sa femme et son ami s'aiment. Pour faciliter tout, ce mari fait croire à un suicide, file en Occident, puis revient en Russie sous un autre nom et se remarie. Après ces événements, les deux ménages forment une association fraternelle et jamais on ne vit amis plus chers et plus dévoués que Lopoukoff et Katerina Wassiliewna Polosoff, d'une part, et Alexandre Matweitch Kirsanoff et Véra Pawlovna Rosalski, d'autre part.

Autour de cette action principale ont lieu les fondations d'associations productives et de cercles d'instruction pour le peuple, et le tout animé par divers personnages secondaires créés de main de maître, tels que Maria Alexiewna, la ménagère dure et rapace ; Pawel Konstantinowitch Rosalsky, l'employé bonasse et servile ; Mertzaloff, le prêtre

Cette vie psychologique si développée dans les cerveaux russes, nous ne la cherchons pas pour nous-mêmes. Nous jouissons chez nous d'une demi-liberté dont l'exercice nous contente, paraît-il, puisque nous n'en cherchons guère de plus grande : il n'en est pas de même là-bas, et il s'est produit, dans une telle race soumise à un tel régime, ce qui ne pouvait manquer de se produire dans de telles conditions : toute domination brutalement imposée développe par réaction des facultés de résistance cachées qui deviennent, à un moment donné, une arme invincible.

Quand on nous interdit une cuirasse, une carapace résistante, nous nous faisons un squelette intérieur plus résistant et qu'on ne pourra nous arracher qu'avec la vie. La situation d'infériorité et de dépendance où l'égoïsme maladroit de l'homme maintient la femme a développé chez celle-ci des aptitudes psychologiques particulières que possède souvent l'enfant en tutelle, mais qui avortent généralement quand l'enfant devient homme. On étudie, on combat ce qui est au-dessus de

athée et socialiste, excellent par-dessus le marché, et sa charmante femme ; Serge, type sympathique d'officier insouciant, Storechnikoff, type de légèreté ; Iwan Solawtzoff, le débauché, égoïste et fourbe ; Julie, la courtisane française, intelligente, obligeante et souple ; Natchinka Kruchow, la prostituée réhabilitée ; et enfin Rakhmetoff, le rigoriste socialiste, type étrange et supérieur dont il faut lire la biographie dans *Que faire?* Puis abondent les aperçus ingénieux sur la société à venir et de profondes observations. Tel est ce livre célèbre. — (B. MALON, *Histoire du Socialisme*, t. III, p. 1122).

soi, on ignore ce qui est au-dessous : un serviteur connaît son maître comme jamais son maître ne le connaîtra ; la femme la plus soumise est souvent toute-puissante.

Il en est de même du génie slave, chez qui un régime que nous avons depuis longtemps secoué (pour le remplacer par un autre plus commode), a concentré des puissances d'observation, de tact analytique, d'impressionnabilité, de volonté tenace et patiente que l'on ne retrouve que chez les enfants forcés de mûrir vite. Je connais peu de Russes, mais il me semble qu'en général, chez le Russe, ce qui appartient à la race est très jeune, ce qui appartient en propre à l'individu est souvent mûr, très mûr même, — et quelquefois un peu vieillot. Les individus croissent vieux dans une race encore très jeune. De plus, le génie particulier des races slaves est très différent, organiquement, de notre génie occidental, et c'est ce qui fait que je puis mal les juger. En effet, chaque race a sa logique, et notre logique, presque entièrement latine encore, ne sait pas bien se plier à la ténacité rigoureuse et inattendue de la logique slave ; aussi se produit-il et se produira-t-il longtemps encore un conflit naturel entre les tempéraments depuis longtemps mûris de l'Occident et les caractères de jour en jour plus différenciés et aptes à la lutte qui nous viennent principalement de la Russie. Il en est autrement au point de vue littéraire ; là notre observation latine sait s'adapter à l'observation russe, de plus en plus admirée chez nous ; mais cette harmonie factice ne s'étend pas à la logique, encore moins à la philosophie.

Nous avons cependant, je le crois, tout à gagner à ce contact et à cette pénétration, car notre forte santé morale, à nous qui, depuis longtemps, avons cessé d'être race en devenant nation, ne peut craindre ce qu'il y a de forcément maladif dans la croissance du génie slave : de même qu'on n'arrive à agir consciemment que par le contrôle de soi-même, de même évoluerons-nous plus consciemment en nous munissant de ce besoin tout physiologique d'honnêteté et d'exactitude dans la conscience que les Russes possèdent autrement et plus que nous. Par surcroît, nous y perdrons un peu de notre lâcheté psychologique, et de notre indifférence par trop flagrante à l'égard de l'évolution.


## II


Car c'est de l'évolution qu'il s'agit ici, et de l'évolution consciente, puisqu'elle sera expérimentale. Autant que j'ai pu m'en assurer par la conduite et les idées des jeunes gens qui m'entourent, nous serons, pour cette génération et la suivante, probablement encore très éloignés de la morale du livre de Tchernychewski, qui ne date pas d'hier, cependant, mais qui est encore très peu connu chez nous, qui sommes si ignorants des choses de l'étranger.

Tout ne marche, ici comme presque partout, que par le contact, l'antagonisme ou l'entente des intérêts individuels. Nous sommes honnêtes pour qu'on le soit avec nous, nous aimons plus ou moins notre prochain à la condition qu'il ne fasse pas pour nous ce que nous ne voudrions pas qu'il nous fût fait. Cependant, aujourd'hui il se trouve tant d'intérêts individuels exploités par d'autres intérêts égoïstes plus favorisés, que l'on commence à constater que l'intérêt individuel n'est pas tout, que si l'antagonisme des individus profite momentanément aux plus forts, l'abaissement des plus faibles et des plus nombreux compromet fortement l'avenir des intérêts généraux; on comprend, dis-je, qu'il est temps d'assurer la sécurité de notre intérêt individuel par sa subordination à l'intérêt social. Notre marche est encore si aveugle que l'individualisme nous conduit de lui-même au socialisme, qui, pourtant, aura pour mission de le réduire. On entrevoit donc l'intérêt social comme garantie de l'intérêt individuel, tant il est vrai de dire que ce n'est que par lassitude d'une erreur qu'on accepte une vérité.

Mais il se pose déjà maintenant, même en France, une question connexe d'une importance extrême. Je veux parler de la question si passionnément attrayante de l'intérêt sexuel.

Au grand étonnement des hommes qui en rient, aujourd'hui, mais qui demain s'inquiéteront des dimensions de plus en plus imposantes qu'offrira le problème par certains côtés, les femmes, qui de fait contribuent plus efficacement à l'évolution que les hommes, demandent à rendre consciente, voulue et indépendante leur collaboration. La question des femmes est surtout la question de l'espèce, et tout esprit évolutionniste doit lui donner la première place. — Cependant ce n'est pas de cette façon qu'on aime à l'envisager, car elle ne présente plus rien d'amusant, et l'on ne peut plus s'en débarrasser par une boutade ou par une sottise. Aussi, quel que soit le caractère tragique que présentent la question sociale et la question sexuelle, nous venons à peine d'y prendre garde : « Ai-je besoin, pensons-nous, de savoir que je vis d'usure et de lâcheté ? Je vis malhonnêtement, mais sans scrupules, car je dois à mon éducation d'être aussi lâche que malhonnête ; et cette éducation bourgeoise actuelle, ne nous pousse-t-elle pas à mépriser les malheureux qu'écrase notre usure et les malheureuses qu'avilit notre lâcheté ? »

Faut-il dire que rarement cette dégradation morale est cyniquement confessée ; cependant nous pouvons reconnaître autour de nous et en nous-mêmes, c'est-à-dire chez des personnes que nous nous plaisons à estimer couramment, la mise en pratique constante de cette malhonnêteté inconsciente. Ne trouverons-nous pas toujours des théoriciens pour nous montrer qu'il n'y a d'autre intérêt que l'intérêt personnel, qu'il est inutile de chercher à rendre à son espèce, à la société, la millionnième partie de ce qu'on lui doit ; n'avons-nous pas des savants tant qu'il en faudra pour déclarer la femme nécessairement inférieure à l'homme — théories qui trouveront à leur tour, longtemps encore, assez d'esprits négatifs pour les accueillir avec empressement et sans contrôle ?

C'est pourtant ce beau problème, le plus beau qui soit, l'évolution consciente, que Tchernychewski aborde de front, et sa solution, qui intéresse le présent et l'avenir de l'espèce humaine, il l'adresse directement à la femme : au cœur même de l'humanité.

Nous n'avons pas l'intention d'analyser un tel livre ; il faut qu'il soit lu et relu, et si, après l'avoir lu, on conserve quelque doute sur la portée scientifique de l'ouvrage, nous essaierons de nous placer au point de vue purement biologique et anthropologique, qui peut seul éclairer un document de cette valeur de la clarté forte et nette des questions scientifiquement posées.

### III

Que nous voulions ou non en convenir, chacun de nous sait parfaitement, s'il a quelquefois cherché à se rendre compte de sa conduite et de sa volonté, que l'intérêt nous guide en tout et toujours ; consciemment et inconsciemment. Cette théorie, déjà ancienne, n'a plus besoin d'être développée ; elle possède tous les esprits qui veulent observer avec quelque sincérité les faits de morale. Seulement, je l'ai souvent vue mal comprise, et sans chercher à l'éclaircir maintenant, j'emprunterai au roman de Tchernychewski quelques citations montrant bien comment ses personnages la mettent en pratique. Le mot roman, que j'emploie ici pour plus de facilité, n'est pas bien exact : ce livre n'est pas un roman, c'est une étude psychologique présentée sous une forme expérimentale, plus expérimentale que chez nos premiers romanciers naturalistes qui font de l'observation théorique bien plus que de l'expérimentation. Tchernychewski fait une expérimentation constamment discutée et expliquée, et dans ces documents biographiques, il a soin de divulguer avant tout le milieu conscient où se développe cette volonté savante et solide qui caractérise ses amis. S'il avait écrit pour nous, Français et naturalistes, nous eussions été en droit de demander une analyse plus complète du milieu social qui avait provoqué l'évolution de cette psychologie si particulière, et un naturaliste français n'y aurait pas failli ; mais n'oublions pas que le livre est une réponse à une question nettement posée alors en Russie, question sortie de ce milieu social où vivaient les amis de Tchernychewski. En véritable expérimentateur, ce dernier a pris justement la réalité qui importait à son expérimentation, c'est-à-dire la réalité du milieu psychologique ? C'est surtout en cela qu'il s'est montré naturaliste, c'est-à-dire qu'il a expérimenté et contrôlé, au lieu de se borner au rôle de réaliste qui observe et dépeint.

Cela dit, revenons à la morale de l'intérêt bien entendu :

(Chap. III, 2). — « On s'occupait aussi, chez Véra Pavlovna, de l'importance qu'il y a à distinguer les désirs réels qui cherchent et trouvent leur satisfaction, d'avec les désirs fantaisistes qui ne peuvent et n'ont pas besoin de la trouver. Par exemple, quand on a la fièvre chaude, on a toujours soif, mais la seule satisfaction vraiment désirable est non pas de boire, mais d'être guéri. L'état maladif de l'être provoque des désirs artificiels, en altérant les désirs normaux. Outre cette distinction fondamentale, alors mise en avant par la philosophie anthropologique, on approfondissait d'autres sujets analogues, ou même différents, mais se rapportant au même objet. »

Et dans toute l'étendue du livre se trouve constamment expliquée la conduite des personnages par l'intérêt le plus égoïste comme par l'intérêt le plus général. Citons, en suivant le récit du grand écrivain russe :

(Chap. II, 6). — « Des hommes trouveraient étrange, Vérotchka, que tu penses que tous les hommes doivent être heureux, et qu'il faut les aider à le devenir au plus vite. C'est tout naturel, cependant, c'est humain, tout simplement. « Je veux la joie et le bonheur » ; cela veut dire : « Il me serait agréable que tous les hommes devinssent joyeux et heureux », oui, Vérotchka, c'est humain ; ces deux pensées en sont une seule. »

Véra agit ici simplement pour la satisfaction de son intérêt sentimentaliste, et rien de plus. C'est d'ailleurs ce raisonnement qu'elle commence par exposer à ses couturières en organisant son atelier. Autre part (chap. III, 30), c'est Tchernychewski qui s'adresse au lecteur :

« Vois-tu, mon bon lecteur à l'œil pénétrant, quels fins matois sont les gens loyaux et comment joue leur égoïsme ; leur égoïsme est autre que le tien, parce qu'ils trouvent leur plaisir autre part que toi. Leur plus grand plaisir, ils le trouvent, vois-tu, à ce que les gens qu'ils estiment pensent d'eux d'une manière avantageuse, et c'est pour cela qu'ils s'inquiètent, et qu'ils imaginent toutes sortes de machinations avec non moins de zèle que toi pour autre chose.

« Mais vos buts sont différents, et les machinations

que vous imaginez sont différentes. Tu arranges des machinations mauvaises, nuisibles pour les autres, et eux, ils arrangent des machinations honnêtes, utiles pour les autres ».

Lopoukhoff explique ainsi, dans une lettre, comment il résolut de disparaître, en se voyant un obstacle au véritable bonheur de sa femme : « On voit que j'agissais dans mon intérêt, lorsque je me décidai à ne pas empêcher leur bonheur ; il y avait un côté noble dans mon action, mais la force motrice était l'entraînement de ma propre nature vers le mieux-être. Et c'est pourquoi j'eus la force d'agir bien, de faire sans hésitation, sans tiraillement, ce que je croyais mon devoir : on remplit facilement son devoir quand on y est entraîné par sa propre nature ».

Je ne voudrais pas accumuler les citations, mais je préfère laisser parler Tchernychewski, et je recommande, entre autres, les deux pages qui précèdent la dernière citation ; elles sont d'une précision mathématique.

Dans la conversation qu'écoute la mère de Véra, chap. II, 8, il est dit :

— Ainsi, cette théorie (la théorie de l'intérêt bien entendu), condamne les hommes à une vie froide, impitoyable, prosaïque ?

— Non, Véra Pavlovna ; cette théorie est froide, mais elle apprend à l'homme à se procurer la chaleur. Les allumettes sont froides, le côté de la boîte contre laquelle on les frotte est froid, les fagots sont froids ; mais le feu, qui prépare à l'homme une nourriture chaude, et qui le réchauffe lui-même, n'en jaillit pas moins ; cette théorie est froide, mais en la suivant les hommes ne seront pas un misérable objet de compassion pour les oisifs. La lancette ne doit pas plier, autrement il faudrait plaindre le patient qui ne se trouverait pas mieux de notre compassion. Cette théorie est prosaïque, mais elle découvre les véritables motifs de la vie ; or, la poésie est dans la vérité de la vie.

« Pourquoi Shakespeare est-il un très grand poète ? Parce qu'il a fouillé la vie plus avant que les autres poètes ». — Et plus loin, page 114 : « Mais, attendu que selon votre propre aveu, le nouvel ordre de choses serait meilleur que l'ancien, il ne faut pas s'opposer à ceux qui travaillent avec joie et dévouement à l'établir. Quant à la bêtise du peuple, bien que ce soit là un obstacle, vous conviendrez que les hommes deviendraient bientôt sages s'ils s'apercevaient qu'il leur est avantageux de le devenir, ce dont ils n'ont pu s'apercevoir jusqu'ici ; vous conviendrez, de même, qu'il ne leur a pas été possible d'apprendre à raisonner. Donnez-leur cette possibilité, et vous verrez qu'ils s'empresseront d'en profiter. »

Page 115 : — « Volontairement, et avec fermeté, Lopoukhoff s'est décidé à renoncer aux avantages et aux préférences qu'il aurait pu demander à la vie, pour travailler au profit des autres, trouvant que le plaisir résultant de ce travail est, pour lui, l'intérêt bien entendu ».

Page 211 : — « Plus tard, quand les bons seront forts, il en sera autrement. Le temps s'approche où les méchants verront qu'il est contre leur intérêt d'être méchants, et la plupart d'entre eux deviendront bons : ils étaient méchants simplement parce qu'il leur était nuisible d'être bons, mais ils savent pourtant que le bien vaut mieux que le mal, et ils préféreront le bien dès qu'on pourra l'aimer sans nuire à son intérêt. »

Chap. III, 16. — Kirsanoff veut cesser de voir les Lopoukhoff pour ne pas trahir son amour pour Véra :

« Chaque homme est égoïste, je ne fais pas d'exception à la règle ; il s'agit maintenant de savoir ce qui est plus avantageux pour moi : me retirer ou rester ? En me retirant, j'étouffe en moi un sentiment spécial ; en restant, je risque de révolter le sentiment de ma propre dignité par la sottise d'une parole ou d'un regard, inspirés par ce sentiment spécial. Un sentiment spécial peut être étouffé, et dans quelque temps ma tranquillité sera rétablie, et je serai de nouveau content de ma vie. Mais si j'agis une seule fois contre ma nature humaine, je perdrai pour toujours la possibilité d'être content de moi, j'empoisonnerai toute ma vie.

« Voici en deux mots la situation où je me trouve : j'aime le vin et je vois devant moi une coupe avec de très bon vin, mais j'ai un doute que ce vin soit empoisonné. Savoir si mon doute est fondé ou non, je ne le puis. Dois-je boire à cette coupe ou la renverser pour qu'elle ne me séduise pas ? Je ne dois nommer ma résolution ni noble, ni honnête, — ce sont là des paroles par trop pompeuses, c'est tout au plus de la raison, de l'intérêt bien entendu ; je renverse la coupe. Par là je me prive d'un certain plaisir, je me cause une certaine peine, mais en revanche je m'assure la santé, c'est-à-

dire la possibilité de boire pendant de longues années et
en quantité du vin qui, celui-là, j'en suis sûr, ne sera
pas empoisonné. Je n'agis pas bêtement, et c'est là
qu'est tout mon mérite ».

Voir aussi la lettre de Lopoukhoff à Véra. Et encore
page 291 : « Sois honnête, pense Kirsanoff, c'est-à-dire
calculateur, ne te trompe pas dans le calcul, rappelle-
toi que la somme est plus grande que chacune de ses
parties, c'est-à-dire que ta nature humaine est plus
forte, qu'elle t'importe plus que chacune de tes aspirations, prise séparément; préfère donc tes intérêts aux intérêts de chacune de tes aspirations spéciales, s'il leur
arrive d'être en contradiction avec elle ; tout cela se définit simplement : sois honnête et tout ira bien. Une
seule règle d'une grande simplicité, voilà toutes les
prescriptions de la science, voilà tout le code, la vie
heureuse. Oui, heureux ceux qui ont la faculté de comprendre cette simple règle. Moi, je suis assez heureux
sous ce rapport. Je dois sans doute beaucoup plus au
développement intellectuel qu'à la nature. Mais avec le
temps cela se transformera en une règle générale, ins-
pirée par l'éducation et par le milieu ».

Il y a dans cette page plus de philosophie qu'on n'a
jamais cherché à nous en faire connaître, quand nous
croyions nous instruire, avant d'entrer dans la vie
adulte. On pourrait, et je le voudrais, citer bien d'autres
pages semblables, mais ceci suffira pour nous montrer
combien les personnages de Tchernychewski sont conscients de leurs actes et sur quel fondement expérimental
repose leur honnêteté.

L'intérêt qui les guide est presque toujours un intérêt individuel et même un intérêt égoïste, surtout quand la situation actuelle n'exige pas de leur conscience l'évocation d'un intérêt plus grand; ils sont bons par plaisir, honnêtes par logique.

S'ils allaient plus loin dans la recherche expérimentale des conditions de leur volonté, on prévoit qu'ils trouveraient mieux qu'un plaisir, mieux qu'une foi ou qu'un principe, une simple nécessité devenue consciente en eux par la supériorité de leur organisme cérébral : et il est un autre passage où cet intérêt plus grand que la satisfaction de soi-même intervient, et c'est le beau caractère de Lopoukhoff qui nous en offre le cas, quand il explique le motif véritable de sa disparition : « Là, dit-il, j'agissais déjà sous l'influence de ce que je puis nommer noblesse, ou, pour mieux dire, noble calcul, où la loi générale de la nature humaine agit toute seule, sans le concours des particularités individuelles, et j'ai appris à connaître la haute jouissance de se voir agir noblement, c'est-à-dire de la manière dont tous les hommes, sans exceptions, devraient agir. Cette haute jouissance de se sentir tout simplement homme, et non pas Jean ou Pierre, est trop intense; des natures ordinaires comme la mienne ne sauraient la supporter trop souvent. Mais heureux celui qui l'a quelquefois éprouvée ! »

Et ce passage, à mes yeux le plus élevé de tout le livre, Tchernychewski n'en tire pas tout le parti qu'il devrait. Il considère comme l'intense satisfaction de la dignité humaine, ce qui est surtout la satisfaction, dans une individualité, d'un intérêt plus grand que tout sentiment de dignité personnelle. C'est une dilatation de l'individu vers une forme plus grande que lui-même, soit société, soit espèce ; il reste, dans ce cas, chez la personne qui éprouve cette joie, juste assez de personnalité pour ne pas oublier que sur elle, seule, passe en ce moment l'allégresse et le bonheur de millions d'individus. C'est cette joie que Michelet attribuait à Luther, c'est cette joie qui déborda du cœur de Beethoven dans sa grande symphonie. Ce sentiment, arrivé à un certain degré de conscience, semble surhumain, et cependant les natures simples, les natures même communes, si le sentiment de l'intérêt individuel ne les a pas spécialisées forcément pour la concurrence, agissent volontiers spontanément, par un instinct spécifique à l'être humain, de cette façon qui semble sublime, avec raison d'ailleurs, à Lopoukhoff.

Quel est donc cet intérêt plus grand que l'intérêt individuel, « ce noble calcul, où la loi générale de la nature humaine agit tout seule, sans le secours des particularités individuelles... cette haute jouissance de se sentir tout simplement un homme, et non pas un Jean, un Pierre, etc. » Qu'est-ce donc sinon la dilatation, si je puis dire ainsi, de la dignité individuelle jusqu'à la prise de possession d'une volonté qui n'appartient plus à l'individu, mais à l'espèce.

Cette conscience des intérêts de l'espèce, concentrée momentanément dans un individu, est, en effet, la plus haute aspiration dont un homme soit capable : Richard Wagner ne dit-il pas aussi quelque part : « Il n'y a pour l'homme qu'un idéal, un plus haut, vers lequel il doit tendre, quelque chose de toujours plus grand que l'homme, les Hommes ».

Il y a quelque chose, pourtant, de plus grand encore, que Wagner ne dit pas, un domaine à venir de la conscience, c'est la vie et la forme supérieure de la vie, l'évolution consciente. Et, en effet, c'est à la vie même que tout intérêt remonte plus ou moins directement, à cette vie plus générale que celle de l'individu, plus large, plus profonde que l'espèce ; cette vie qui est, non seulement la condition de tous nos intérêts, mais renferme dès l'origine les formes ancestrales de nos intérêts aujourd'hui si complexes, et la base même du plus mince de nos intérêts actuels et à venir.

Ces notions sont si générales, si implicitement contenues dans toutes les notions d'intérêt, que l'on a constamment l'imprudence de les laisser de côté, au lieu de s'habituer à y reprendre pied constamment. Ce qui fait la grande puissance des mathématiques, par exemple, c'est que, sous une forme très compliquée souvent, on retrouve constamment les mêmes raisonnements, la même logique simple ; ce qui fait la supériorité d'un organisme, c'est également la complexité avec laquelle sont fondus dans une même économie extrêmement différenciée, des éléments de vie toujours très simples. Il doit en être de même dans notre morale, et dans nos plus petites actions nous devons, par conscience, retrouver les mêmes opérations de logique, les mêmes calculs simples ne variant que par leur application de plus en plus différenciée à mesure que la vie et que la conscience évoluent ; et il est une pensée de Channing que je veux rappeler à ce propos : elle est empruntée à un discours précisément sur l'éducation personnelle (1838).

« C'est, dit-il, la mauvaise habitude de déprécier ce qui est commun à tous qui nous le fait considérer comme étant de peu de valeur (il parle ici des qualités générales) ; mais dans l'âme comme dans la création extérieure, le plus commun est le plus précieux. La science et l'art peuvent inventer de brillants éclairages pour les appartements du riche, mais tout cela est pauvre et sans valeur en comparaison de la lumière que le soleil nous envoie par toutes nos fenêtres, qu'il verse avec libéralité et sans préférence sur la colline et dans la vallée, de cette lumière qui embrase chaque jour l'orient et l'occident. Il en est de même et des lumières communes de la raison, de la conscience, et de l'amour ; tout cela a plus de prix que les qualités extraordinaires qui ont fait la célébrité de quelques hommes. »

Ce que dit Channing des qualités générales de l'esprit ne peut-il pas se dire aussi des intérêts généraux ? Ne sont-ce pas toujours les choses fondamentales qui sont de tout temps autour de nous, que nous laissons le plus volontiers de côté.

Tel individu s'épuise en abstractions philosophiques qui ne songe même pas à la nourriture qu'il prend, et cependant il existe, au point de vue individuel, très peu de principes, d'axiomes, « d'éternelles vérités » qui vaillent une bonne digestion ; et cependant celle-ci, considérée comme fonction végétative, n'a presque jamais l'honneur d'être invoquée dans une décision philosophique.

N'est-ce pas aujourd'hui seulement que l'on songe à substituer le naturalisme au vieil art, synonyme d'artificialisme ? Cela tient à ce que, organiquement, la conscience est localisée très loin de la vie végétative. Une bonne hygiène vaut mieux que toutes les philosophies, sauf la philosophie de l'hygiène tant individuelle que sociale. Voyez la belle philosophie esquissée dans le *Capital* de Marx, la philosophie de l'hygiène et de la circulation dans la société. Combien, en science et en philosophie, avons-nous accumulé d'hypothèses sur Dieu, sur l'Essence et sur la Substance, que d'hypothèses aujourd'hui encore sur la nature de la matière, avant que nous arrivions, avec les sciences physiques, à ne plus nous adresser qu'au mouvement, seul constatable, seul expérimental, qui devra purger notre esprit de toute notion absolue, de toute formule absolument simple, de toute immobilité du raisonnement, cherchant à s'attacher quand même à une base fixe, à une forme cristalline, si je puis ainsi parler, pour définir une chose où rien ne peut être fixe, pas même la conscience de cette chose. De tout temps, nous avons eu cette naïveté de l'enfant qui songe à s'arrêter pour voir comment il marche. La morale ne peut être évolutionniste qu'à la condition de rester constamment libre de toute attache fixe, de toute donnée absolue immobile.

## V

Cet intérêt fondamental, la vie, et surtout cet intérêt qui, par sélection et adaptation, devient de plus en plus grand, la conscience, nous devons l'avoir sans cesse devant les yeux, mais à la condition de nous habituer à le bien voir, et à nous contrôler constamment par son action déterminante sur notre évolution. La manière d'être de la vie est donc l'évolution, et j'ajoute que la manière d'être de plus en plus affirmée de l'évolution, tant sériaire que particulièrement humaine, est d'être consciente.

Je ne conçois encore qu'une manière exacte de considérer l'évolution humaine, en particulier, c'est de la voir complète et sous ses trois formes, c'est-à-dire comme évolution individuelle, évolution sociale, évolution sexuelle.

La science ne semble guère songer beaucoup encore à l'évolution sexuelle, et l'économie sociale ne peut encore à cet égard s'appuyer sur la science, mais il en sera autrement dans dix ans. Considérée ainsi, sous sa triple forme, l'évolution de la vie humaine n'est qu'une période de l'évolution de la vie sériaire par la sexualité, dans la société, à travers les individus. L'idéal de la vie serait l'équilibre parfait de ces trois caractères de l'évolution, mais, s'il faut toujours chercher à atteindre un idéal, ou un équilibre, il ne faut jamais l'atteindre sous peine d'arrêt ou de mort. Nous en sommes loin d'ailleurs ; mais d'autres plus tard verront l'avènement de cette période plus élevée de la vie sériaire, la vie consciente qu'élabore l'humanité, comme elle-même est sortie autrefois de la vie instinctive, — puis par le contrôle de l'instinct par lui-même, rationnelle, — puis enfin par un contrôle supérieur de la raison sur elle-même, presque consciente de l'animalité antérieure. En attendant, on est joyeux et content d'y travailler, parce qu'on entrevoit le but et qu'on sait bien qu'il sera un jour atteint.

On peut, en tout cas, dès aujourd'hui même, se rendre facilement compte de la lutte à venir en examinant ensemble les antagonismes résultant de ce manque d'équilibre caractéristique de notre période actuelle de croissance ingrate. Nous vivons, en effet, dans l'âge ingrat de l'évolution et jamais il ne fut d'époque aussi décisive pour l'évolution que celle où nous vivons et que celle qui nous suivra immédiatement. Nous voyons encore partout l'intérêt individuel prédominer sur l'intérêt social, l'intérêt particulier sur l'intérêt collectif, l'intérêt égoïste sur l'intérêt communiste. Par habitude nous avons plus de confiance en une personne que nous savons égoïste qu'en une autre qui, à notre su, professerait une doctrine communiste.

L'égoïsme est aujourd'hui mûr et déjà vieilli, nous avons grandi avec lui ; et si le socialisme, au contraire, apparaît, à quelques-uns comme une vie supérieure de l'évolution humaine, tous les autres veulent y voir je ne sais quoi de contraire aux habitudes prises, depuis toujours. Sans la nécessité de plus en plus impérieuse de socialiser nos intérêts, notre adaptation ne pourrait jamais se faire à ce changement, car nous en sommes empêchés par un entêtement, une paresse que nous prenons pour de la prudence, une circonspection qui n'est que de la lâcheté, et qui force l'évolution à se faire brutalement ; et cela, tant que les tendances de l'évolution consciente n'auront pas une fois dépassé en puissance les tendances opposées au progrès et au développement.

Par une inconséquence que relève Wagner, je ne sais plus où, nous considérons la qualification d'égoïste comme une injure et celle de communiste comme un blâme ; cela prouve que nous allons de l'un vers l'autre, que nous rougissons de n'être que des égoïstes, et que par la force des choses nous nous sentons poussés vers le communisme. Qu'en sera-t-il, lorsqu'on cherchera à élever la voix en faveur de l'évolution sexuelle, si profondément mêlée aux autres questions de la vie. Nous avons encore trop de cet égoïsme étroit que le sémitisme a développé, dont il est mort après nous l'avoir transmis.

Dans le fond de notre vieille conscience, nous observons bien envers la société certains devoirs consistant principalement en une entente, toujours chancelante, entre les intérêts égoïstes des individus, jamais dans une coopération résolue à l'évolution de l'espèce ; le mot fraternité est encore si profondément chrétien que le mot communisme, bien moins exigeant, mais de plus en plus impérieux, nous effraie ; nous éprouvons, pour ces idées fraîches et saines, la répugnance d'un malade qui se complaît dans l'atmosphère chargée de sa chambre et qui craint la fenêtre ouverte, l'air frais, le soleil brillant, et ne sait plus écouter les oiseaux chanter gaîment. Et cependant ce malade prendra peu à peu la volonté de venir respirer cet air et ce soleil, et son retour à la santé lui montrera ces besoins puissants et féconds dont il avait peur, en le dégoûtant de la félidité de ses anciens désirs et de ses vieilles croyances, et en lui faisant aimer l'ami qui ne craignait pas de le brusquer et de mettre de la force là où lui-même ne savait pas encore vouloir. La Joie de vivre (ce beau titre d'une belle œuvre) le sauvera des tendances fausses, la santé détruira ces besoins maladifs et forcément égoïstes qui le rendaient inutilement incapable, malheureux et mauvais.

Bien malade est encore celui qui ne sent pas en ce moment l'air frais et fort souffler autour de lui, qui n'entrevoit pas cette clarté joyeuse de la vie de demain, que ne se sent pas écœuré de cette lourde atmosphère de lâcheté dangereuse et de sentimentalisme cruel. Par nécessité il nous est arrivé quelquefois de faire prendre à notre égoïsme étroit une forme supérieure qu'on appelle patriotisme, c'est-à-dire égoïsme non plus individualisé, mais collectif.

Dès lors la concurrence vitale se posait non plus entre individus, non plus entre races, mais l'intérêt de race, l'intérêt d'individus s'était nationalisé en se socialisant. Dernièrement le patriotisme s'est socialisé lui-même en prenant une forme supérieure : l'internationalisme ou cosmopolitisme. En d'autres termes, l'intérêt

nous fait voir peu à peu qu'il y a en nous d'abord moi
et toi ; puis la sélection se faisant de plus en plus générale, nous avons vu en nous, par exemple, des Français;
puis encore l'intérêt qui commandait la lutte montrait que
nous devions être plus que Français, c'est-à-dire socialistes. C'est là où nous en sommes généralement, et l'intérêt prochain sera de nous pousser à être plus que socialistes, et le mot manque encore, naturellement, pour
désigner cet « Humanisme », c'est-à-dire cette conscience
expérimentalement appuyée sur les données de la philosophie anthropologique encore presque entièrement à
faire. La science, et principalement la plus jeune et la
plus utile des sciences, l'anthropologie, peut seule rendre
cet intérêt conscient, et provoquer, par l'évolution normale, les faits imposés par les révolutions toujours
nécessaires, brutales et coûteuses.

La conscience, comme toute fonction organique, devait
nécessairement débuter par la forme individualiste — et
ce fait se retrouve dans la recherche même de Descartes
— car le mot : je pense, donc je suis, n'est autre chose
que la conscience réfugiée dans la plus profonde intimité
de l'individu. C'est la base naturelle de toute induction
consciente ; de plus, dans l'évolution de la vie sériaire
comme dans le cas de la vie individuelle, le premier
intérêt conscient a dû être l'intérêt individuel. Et de
même que ce qu'on entend généralement par individu
n'est, au point de vue biologique, qu'une association
d'individualités sorties les unes des autres et remontant
à une seule qui est la particule vivante, individualisée
par la fécondation ; de même la conscience, tant qu'elle

se ramène à une forme synthétique, conserve le type individualiste. La conscience va comme l'intérêt, en se socialisant toujours plus.


## VII


Il en est de la moralité comme d'un tas de sable dont le sommet ne peut s'élever que si la base s'étend en largeur. Plus notre adaptation nous permet de nous différencier, plus, d'autre part, notre différenciation nous permet aussi de nous adapter davantage, plus la conscience des intérêts s'élève, plus la synthèse quitte la forme individualisée pour la forme socialisée. Et cela ne se voit-il pas encore autrement, en étudiant la croissance de cette faculté si utile, et par conséquent si développée chez nous, d'être conscients? Depuis notre forme la plus simple, après la conjugaison qui a déterminé notre évolution individuelle de fragment d'organisme vivant que nous étions, comment avons-nous cru, de quoi nous sommes-nous augmentés, sinon d'éléments pris d'abord au milieu maternel, avant et après la naissance : car se nourrir, se développer est une fausse manière de parler : on est nourri, on est développé. Peu à peu, cette conscience, nous l'avons acquise par la nécessité de nous contrôler nous-mêmes constamment ; cette intelligence dont nous sommes si fiers (comme s'il y avait jamais lieu d'être fiers de quoi que ce soit), elle est tout entière fabriquée d'une énorme somme de notions empruntées à l'intelligence de l'espèce

qui nous entoure, qui est en nous sous forme d'hérédité, qui est autour de nous sous forme d'éducation,
de contact, d'influences de toute nature et de toutes valeurs. Une individualité ne peut s'augmenter que
d'éléments pris autour d'elle. Et cependant le procès de
l'individualisme est facile à faire aujourd'hui. Il faut
d'autant plus le faire que l'individualisme est d'avance
condamné par la sélection, qui le réduira à sa forme légitime.

L'intérêt de l'individu et l'intérêt de l'espèce sont également liés à cette socialisation des intérêts individuels.
Si je considère mon intérêt égoïste, je constate aussi
qu'autour de moi il y a d'autres individualités qui ont
autant de droits à l'évolution et autant de besoins que
moi : ceci dit, non pas au point de vue de l'égalité
(point de vue forcément faux et sentimentaliste, puisqu'il n'y a pas dans la nature ce qu'on appelle égalité,
qu'il ne peut y en avoir absolument, tandis que tout
s'est fait au contraire par circulation, chose incompatible avec l'égalité) mais au point de vue de la plus grande
utilité, qui est celui de la seule dotrine pratique que
nous ayons pour cet ordre de recherches. Si, par le
travail de toutes nos individualités, il se produit un
développement de la jouissance générale, mon individualité peut s'augmenter sans exploiter les autres et
cet état est tout le contraire de l'individualisme.

Si, au contraire, nos travaux individuels ne contribuent pas à ce développement général, si nous pratiquons le chacun pour soi, nous devenons des forces
divisées qu'il est presque impossible de composer en une

résultante sociale. Il arrive alors ceci que mon individualité ne peut se développer qu'en s'opposant au développement des autres, que mon intérêt actuel se sépare de l'intérêt général, et que je dois acquérir une situation telle que ma force soit opposée et autant que possible supérieure à celle d'un certain nombre d'autres forces individuelles ; en un mot, j'exploite. La somme des développements ne changeant pas sans la contribution d'un grand nombre d'individualités intéressées, ma part se fait avec celle des autres, je vole, et l'intérêt satisfait ne dépasse pas celui de mon individu. Cet état est l'individualisme.

Dans le premier cas, celui du socialisme, je socialise mon intérêt au lieu de l'individualiser : résultat, accroissement proportionnel à l'accroissement général des jouissances possibles et utiles. Je contribue par l'union de mes intérêts avec les autres à fortifier l'évolution générale en composant ma force avec les autres forces, de façon à obtenir une résultante qui permettra une adaptation biologique supérieure ; la sélection individuelle se fait entre les plus utiles et les moins utiles.

Dans le second cas, celui de l'individualisme, j'ai individualisé mon intérêt et j'ai cru le fortifier par l'isolement ; résultat, mon hypertrophie n'est produite que par l'atrophie des autres et la somme ne change guère. Je combats tout intérêt général, social, opposé à mon intérêt étroitement actuel ; j'oppose ma force aux autres au lieu de la leur ajouter. L'adaptation ne se fait pas, ou elle se fait malgré moi et sans moi ; la sélection individuelle ne se fait qu'en faveur de ceux qui arrivent, en nuisant à l'intérêt général et en forçant les utilités légitimement dues à la société, à se concentrer autour de quelques intérêts personnels, à occuper momentanément une-position telle que cette exploitation même deviendra la seule ressource de ceux qu'ils exploitent. C'est le triomphe des plus forts sur les plus utiles. Le capital est sorti de l'individualisation ; aujourd'hui l'individualisme est vaincu par ce qui a fait sa force un moment ; le capital va se socialisant et, par la force même des choses, la seule autorité qu'il faille reconnaître, on s'apercevra que la société, à un moment donné, pourra seule utilement capitaliser les utilités individuelles. Individualiser un intérêt social est un crime (1), socialiser un intérêt individuel est au contraire aller dans le sens de l'évolution.

Comme nous l'avons vu, jamais le socialisme et l'individualisme ne peuvent être séparés. On naît dans et par l'espèce, mais on naît individu. Plus l'évolution deviendra consciente, plus la sélection entre individus se fera en vue d'une plus grande contribution à une adaptation meilleure de la société, de l'espèce, à ses conditions biologiques extérieures et intérieures. C'est ainsi que la sélection se fait dans notre organisme

---

(1) Dans l'évolution de la pensée comme dans l'évolution de toutes les forces humaines, une force est d'autant plus grande qu'elle est plus synthétique. Or, la synthèse recherchant l'unité, ces forces se sont jusqu'ici bien plus souvent formulées dans les individualités que dans les sociétés. Mais de jour en jour cela change, et les hommes de génie se distinguent de moins en moins.

composé cependant d'éléments si variés ; c'est grâce à
cette sélection, en vue d'une plus grande unité organique reposant sur une plus grande complexité d'éléments d'adaptation, que l'homme a pris la tête dans la
série des autres êtres ; et l'unité que nous devons chercher est l'unité des intérêts humains reposant sur une
plus grande complexité d'éléments individuels et d'éléments d'adaptation spécifique. Unification et solidarisa-
tion des intérêts généraux de l'humanité, distribution
du travail d'adaptation, différenciation plus délicate des
individualités contribuant au développement humain,
telle me semble devoir être la formule du socialisme
expérimental, une des trois formes de l'évolution consciente.


## VIII


Mais allons plus haut : nous avons parlé d'hérédité,
et l'on sait que l'évolution se produit surtout par la
vitesse constamment acquise et transmise. Nous
sommes d'abord ce qu'on nous a fait, et nos enfants
seront d'abord ce que nous les ferons. L'espèce, c'est la
somme de nos parents, de nous-mêmes et de nos
enfants, le fonds commun où nous puisons d'abord nos
ressources biologiques individuelles : le tronc d'où
sortent les individus comme des bourgeons infimes.
Nous sommes-nous quelquefois demandé à quelle prodigieuse profondeur dans le temps nous devions rechercher l'origine de notre existence ? Nous sommes, au

commencement de notre existence individuelle, une parcelle vivante détachée d'un organisme vivant ; ce qui revient à dire qu'avant de vivre notre vie propre, nous avons vécu celle de notre mère surtout, et de notre père, qui avaient vécu, sans interruption d'une individualisation à l'autre, la vie de nos ascendants antérieurs, et ainsi de suite. Qu'est-ce donc que cette continuité de la vie spécifique, dont nous sommes des particules isolées à un moment donné par la conjugaison ? Ces antécédents de vie sériaire, s'élargissant en progression géométrique en amont de notre vie individuelle ? Où trouver les jalons qui nous aideront à graduer cette ascendance de notre vie ? Dans les individus de qui nous descendons ? Mais un individu ne provient pas d'un individu, il naît d'une conjugaison, d'une fécondation sous quelque forme qu'elle soit. Les individus qui nous ont produit n'ont été que les hôtes momentanés que s'était choisis l'espèce, si je puis prendre cette image quasi-schopenhauerienne.

Cette évolution qui n'est ni l'évolution d'un individu (ou individuelle), ni l'évolution simultanée de plusieurs individus de même espèce et de même milieu (ou sociale), c'est l'évolution même de l'espèce : l'évolution sexuelle.

# IX

Maintenant pouvons-nous, de même que pour l'individualisme et le socialisme, nous faire une idée de cette forme de l'évolution consciente que j'appellerai le sexualisme. La question se pose facilement : quel rôle doit jouer l'homme, quel rôle la femme dans l'évolution de l'Espèce ? Voyons d'abord comment la question est présentée dans Tchernychewski.

Le roman se divise, à ce point de vue naturellement, en deux parties, qui sont les deux amours de Véra. Ces deux amours diffèrent essentiellement en ceci que, dans le premier, Véra aime Lapoukhoff comme lui-même s'est attaché à Véra, par sélection individuelle et pas du tout par sélection sexuelle : c'est l'intelligence qui montre à Véra quel homme est Lopoukhoff et Lopoukhoff estime Véra plus qu'une autre femme : l'instinct sexuel semble leur manquer, et n'intervient en tout cas qu'après le choix fait. Il y a bien sélection, mais c'est l'estime, le choix intellectuel et non l'amour, c'est-à-dire le choix sexuel qui les pousse l'un vers l'autre. Véra n'est pas plus la femme de Lopoukhoff que celui-ci n'est son mari. Ce sont deux caractères que ne peut directement exploiter l'espèce en vue de l'évolution sexuelle. Plus tard, une autre sélection se fait, mais entre Kirsanof et Vera, sélection sexuelle cette fois. Il y a là amour véritable, et, par la concurrence même, Lopoukhoff devait disparaître. Véra devient alors vraiment femme par le fait de ce choix surtout sexuel. Nous nous expliquerons mieux tout à l'heure ce mécanisme de la double manifestation du caractère de Véra.

Voici d'ailleurs ce que dit Véra à Kirsanof, en parlant de Lopoukhoff : « Mais, sérieusement, sais-tu à quoi je pense maintenant ? Si mon amour pour Dimitri n'était pas l'amour d'une femme complètement développée, lui aussi ne m'aimait pas de la manière dont nous entendons l'amour. Son sentiment pour moi était un mélange de forte amitié, avec des fougues de la passion amoureuse. Il avait beaucoup d'amitié pour moi, et ses fougues ne cherchaient qu'une femme et non moi personnellement. Non, ce n'était pas là de l'amour. S'occupait-il beaucoup de mes pensées ? Nullement, pas plus que moi des siennes. Il n'y avait pas entre nous d'amour véritable ».

Lopoukhoff s'en était rendu compte quand il rompait cette existence pénible par intérêt individuel surtout, disait-il, c'est-à-dire pour recouvrer sa liberté, et par respect pour l'intérêt plus grand qu'il entrevoyait et qu'il appelait la haute jouissance de se sentir tout simplement homme, c'est-à-dire quand il sait à propos se « désindividualiser ». Au contraire, l'intérêt individuel était sacrifié par Kirsanof, jusqu'à ce qu'il pût le faire accorder avec l'intérêt spécifique manifesté par une sélection véritablement sexuelle.

D'un autre côté, et nous verrons combien est près de la vérité Tchernychewski, en accordant à la femme le premier rôle dans l'évolution de l'espèce, je veux citer toute cette conversation entre Véra et Kirsanof.

— Nous avons dit souvent qu'il est probable que l'organisation de la femme est supérieure à celle de l'homme ; qu'il est probable, par conséquent, que, dans la vie intellectuelle, l'homme sera rejeté par la femme au second plan, quand le règne de la violence brutale sera passé. Nous sommes arrivés à cette supposition par l'observation de la vie réelle et notamment de ce fait que généralement les femmes naissent intelligentes en plus grand nombre que les hommes. En outre, tu appuyais cette opinion par divers détails anatomiques et physiologiques.

— Comme tu traites bien les hommes, Vérochka ! heureusement, le temps que tu annonces est loin de nous encore. Autrement, je changerais vite d'avis pour ne pas passer au second plan. Du reste, ce n'est là qu'une probabilité : la science n'a pas encore observé assez de faits pour qu'on puisse résoudre convenablement cette question si grave.

— Mais, cher ami, ne nous sommes-nous pas aussi demandé pourquoi les faits de l'histoire ont été jusqu'à présent tellement en contradiction avec la déduction qu'on peut tirer, avec une certitude presque entière, des observations sur la vie privée et sur la constitution de l'organisme ? Jusqu'à présent, la femme n'a joué qu'un rôle minime dans la vie intellectuelle, parce que la domination de la violence lui ôtait les moyens de développement et étouffait ses aspirations. C'est là une explication suffisante ; mais voici encore : en ce qui concerne la force physique, l'organisme de la femme est le plus faible, mais il est en même temps le plus résistant, — n'est-ce pas ?

— C'est plus sûr que la différence des forces intellectuelles natives. Oui, l'organisme de la femme résiste plus efficacement aux forces destructives : climat, intempéries, nourriture insuffisante. La médecine et la physiologie se sont encore très peu occupées de cette question, mais la statistique a déjà donné une réponse éloquente : la vie moyenne des femmes est plus longue que celle des hommes. On voit donc par là que l'organisme féminin est le plus vigoureux.

Cela est d'autant plus vrai que la manière de vivre des femmes est en général moins saine encore que celle des hommes.

Ici, Tchernychewski expose l'avantage qu'a la femme de croître plus vite tout en vivant plus longtemps. Il y a supériorité sans doute dans la durée de l'existence, mais la rapidité de croissance n'est pas une supériorité et si chez la femme ce développement rapide n'était pas un caractère sexuel, il marquerait plutôt une infériorité dans l'évolution individuelle. Puis il écrit :

— C'est bien cela, Sacha ; je pensais, et cette pensée me frappe plus vivement maintenant, que si l'organisme féminin résiste mieux aux forces destructives, il est probable que la femme devrait plus facilement et avec plus de fermeté supporter les secousses morales. Tandis qu'en réalité nous voyons autre chose.

— Oui, c'est probable. Mais ce n'est qu'une supposition. Il n'en est pas moins vrai que la conclusion découle de faits incontestables. La vigueur de l'organisme est très intimement liée à la vigueur des nerfs. Les nerfs de la femme sont probablement plus élastiques, ont une structure plus solide, et, s'il en est ainsi, ils doivent plus facilement et avec plus de fermeté supporter les secousses et les sensations pénibles. Dans la pratique, nous avons beaucoup trop d'exemples du contraire. La femme se tourmente très souvent pour des choses que l'homme supporte facilement.

On ne s'est pas jusqu'à présent bien occupé à analyser les causes qui, notre situation historique étant donnée, nous font voir des phénomènes contraires à ce que nous devons attendre de la constitution même de l'organisme. Mais une de ces causes est évidente, elle domine tous les phénomènes historiques et toutes les faces de notre état actuel. C'est la force de la prévention, une mauvaise habitude, une fausse attente, une fausse crainte. Si l'homme dit : « Je ne puis rien », il ne pourra rien en effet. Les femmes ont toujours entendu dire : « vous êtes faibles », et les voilà qui se sentent faibles, et le sont en effet. Tu connais les exemples où on a vu des hommes tout à fait bien portants, s'étioler et mourir effectivement de la seule pensée qu'ils devaient s'affaiblir et mourir.

Plus loin, dans une autre conversation, Véra continue : (p. 432) « Presque toutes les voies de la vie civile nous sont formellement fermées, et celles qui ne nous sont pas fermées par des obstacles formels le sont par les difficultés pratiques. On ne nous a laissé que la famille. Quelle occupation nous reste-t-il en dehors de la famille ? Presque une seule : être gouvernantes; il nous en reste peut-être une autre : donner des leçons (celles que les hommes nous laissent), seulement nous nous précipitons toutes dans cette voie unique et nous nous y étouffons. Nous sommes trop nombreuses pour y trouver l'indépendance. Personne n'a besoin de nous, on a tant à choisir. Qui ferait cas d'une gouvernante ? Quiconque en demande une, en voit accourir dix, cent

et davantage, chacune cherchant à avoir la place au dé-
triment de toutes les autres.

« Non, tant que les femmes ne se lanceront pas dans
plusieurs carrières, elles ne jouiront pas de l'indépendance. Il est certainement difficile de frayer une route
nouvelle. Mais, pour le faire, ma situation est particulièrement avantageuse ; je serais honteuse de ne pas
en profiter. Nous ne sommes pas préparées à des occu-
pations sérieuses. Moi, je ne sais pas jusqu'à quel point
un guide m'est indispensable pour les aborder. Ce que
je sais, c'est que chaque fois que j'aurai besoin de lui, je
le trouverai, et que m'aider lui sera toujours excessive-
ment agréable.

« Le préjugé public nous a fermé les voies d'activité
indépendante que la loi ne nous a pas défendues. Mais
moi, je peux entrer dans celle de ces voies que j'aurai
choisie, pourvu que je veuille braver les qu'en dira-t-on
de la routine. Que choisir ? Mon mari est médecin, il
me consacre tous ses loisirs. Avec un tel homme il me
serait facile de tenter de suivre la carrière médicale.

« Il serait très important qu'il y eût enfin des
femmes-médecins. Elles seraient très utiles aux personnes de leur sexe. Pour la femme, il est beaucoup
plus facile de parler à une autre femme qu'à un homme.
Combien de malheurs, de souffrances, de morts seraient
alors conjurés ! Il faut tenter cela » (1).

(1) Et à propos de femmes-médecins, il me suffira, sans
entreprendre de discussion, de renvoyer à une lettre du
docteur Manouvrier dans la *Revue Scientifique* du 8 novembre 1884.

En parlant de l'éducation nécessaire aux femmes, Tchernychewski rencontre la vieille objection connue sous le nom d'objection du bas-bleu, et il répond ainsi à son lecteur (p. 439) :

« O lecteur à l'œil pénétrant ? Tu as bien raison ; le bas-bleu est en effet bête et ennuyeux, et il est impossible de le supporter. Tu l'as bien deviné, mais tu n'as pas deviné qui est le bas-bleu. Tu vas le voir comme dans un miroir. Le bas-bleu est celui qui parle avec suffisance et avec une affectation stupide des choses littéraires et scientifiques, dont il ne sait pas l'a-b-c, et qui en parle non parce qu'il s'y intéresse, mais pour faire parade d'esprit (dont la nature a été si avare envers lui) de ses aspirations élevées (dont il a autant que la chaise sur laquelle il est assis) et de son instruction (il en a autant qu'un perroquet). Sais-tu quelle est cette figure grossière, cette tête bien coiffée ? C'est toi, mon cher. Oui, quelque longue que soit la barbe que tu laisses croître, ou quel que soit le soin avec laquel tu la rases, dans tous les cas, tu es indubitablement et incontestablement un bas-bleu des plus authentiques. Parmi nous, hommes, il y en a dix fois plus que parmi les femmes ».

« Mais quiconque, dans un but sensé, s'occupe de quelque chose d'utile, quel que soit son sexe, est tout simplement un être humain s'occupant de ses affaires, et rien de plus ».

Et enfin, page 503 :

« De quel esprit perspicace, fort et juste, la femme est-elle douée par la nature ! Et cet esprit reste sans utilité pour la société, elle le repousse, elle l'écrase, elle l'étouffe — s'il n'en était pas ainsi, si on ne comprimait pas, si on ne tuait pas une si grande quantité de forces morales, l'humanité marcherait dix fois plus vite. »

## X

Ces questions qui, à propos de l'internat des femmes, viennent encore de soulever dernièrement une discussion médicale, avaient été débattues et résolues, l'année dernière, à l'Ecole d'Anthropologie de Paris : M. le docteur Manouvrier, qui a consacré à cette étude si profondément utilitaire toute la sincérité dans l'observation et toute la justesse d'interprétation qu'on pouvait attendre du savant anthropologiste, est arrivé, à la suite d'une série de leçons d'anatomie et de physiologie comparatives entre les deux sexes, à des conclusions très rapprochées de celles du grand romancier révolutionnaire, qui a de son côté si intimement interrogé l'avenir de l'Evolution dans la seule société slave. M. Manouvrier a démontré, en renversant l'opinion trop volontiers adoptée, que la femme dépassait l'homme en caractères craniologiques de supériorité, et qu'elle représentait un type plus avancé dans la série animale, laissant derrière l'homme et les anthropoïdes. Ce cours sera d'ailleurs probablement publié bientôt et je me contenterai de renvoyer à des ouvrages déjà parus, et en particulier à l'étude publiée par l'Association Française pour l'avancement des sciences (La Rochelle, 1882).

Le Docteur Manouvrier prouve d'abord que chez la femme, le poids de l'encéphale est beaucoup plus grand que chez l'homme relativement à la masse active du corps.

La femme l'emporte encore sur l'homme par le développement relatif du front et de l'occiput, et il est inutile d'insister sur l'importance de ces caractères ; l'homme l'emporte à son tour par le développement pariétal, corrélatif au développement des forces motrices. Chez la femme, cette supériorité relative des forces psychiques n'est que le résultat de l'infériorité de masse organique. Il y a spécialisation et non supériorité. Si je me souviens bien, M. Manouvrier résumait à peu près ainsi son cours : « La femme n'a d'autre infériorité que d'être moins forte. De plus, elle est faite pour être mère. C'est une supériorité dans l'ordre des fonctions végétatives tandis que la force de l'homme est une supériorité dans l'ordre des fonctions de relations, ordre plus élevé à la vérité que le précédent. Mais la fonction de reproduction chez la femme, si on l'envisage dans tous ses aspects, dépasse la vie purement végétative et se trouve intimement liée à des fonctions d'ordre le plus élevé qui la complètent et l'ennoblissent. Toutes ses infériorités et ses supériorités viennent de là ; et l'on peut en tirer une dernière conclusion, c'est que la femme doit former l'enfant, diriger l'évolution de l'homme, intervenir dans les fonctions économiques et sociales qui ont besoin de sa supériorité psychique de femme et de mère ; de son côté, l'homme doit la protéger et l'aider de ce qui fait sa

supériorité, la force qui ne dépasse en noblesse les fonctions végétatives qu'à la condition d'être dépensée utilement, au point de vue social surtout, sans quoi elle est
d'un ordre inférieur même aux fonctions végétatives. »

Comment alors nous expliquer la situation inférieure,
dans la société, des femmes en général et des difficultés
que rencontrent les femmes qui veulent faire sciemment
et consciemment ce que leur sexe et la nature leur donnent la fonction et le devoir de faire ? La réponse est
bien simple.

Quand la lutte pour la vie est individuelle, le sexe
fort l'emporte sur l'autre ; quand cette lutte devient sociale, le sexe utile reprend peu à peu sa place. L'anatomie de l'homme, son aspect, montrent combien il est
armé pour la défense de l'intérêt individuel, combien
peu il dépend des autres individus, combien sa personnalité se manifeste dans toute son activité consacrée
d'abord à son intérêt, puis un peu aux intérêts voisins
liés au sien.

De l'autre côté, la femme est exploitée par l'évolution
de l'espèce ; presque toute sa vie, elle appartient à cette
fonction de reproduction qui lui enlève à chaque ins-
tant un peu de sa force, un peu de sa vie. On a dit que
la femme était une malade ; c'est faux, elle est une exploitée. Quelle santé, quelle force de résistance doit-elle
posséder pour en fournir constamment à toutes les existences liées à la sienne ; et, d'autre part, combien dépen-
dante et combien attachée !...

Tout se socialise, disons-nous, les intérêts de la vie
surtout ; de là, la situation de plus en plus prépondé-

rante de la femme, à mesure que l'instinct de l'espèce s'empare des sociétés ; que sont l'homme et la femme dans la société, au point de vue biologique ? L'homme est organiquement une arme de sélection individuelle, il est physiologiquement individualiste et, comme tel, son temps de suprématie se passe un peu.

La femme est une fonction d'évolution spécifique, elle est, par excellence, l'appareil de mise en circulation de la vie ; elle est physiologiquement socialiste, car elle dépend des autres et les autres d'elle : sa valeur économique augmente de jour en jour avec le socialisme. Les Sémites se sont arrêtés par l'abaissement de la femme, le Christianisme n'a prévalu qu'en la relevant : seulement, comme le Christianisme est la sémitisation des races européennes, il est loin d'avoir fait pour la femme autant qu'elle a fait pour lui : néanmoins, de ce côté, il a servi l'évolution en avant. Le socialisme scientifique réclame à son tour le développement de la femme, et dans peu, cette revendication fera sa plus grande force. Dès à présent, nous devons nous consacrer à cet avènement de la femme contribuant consciemment à l'évolution de la société et de l'espèce et cela par honnêteté, car l'honnêteté n'est que la logique dans la recherche de la plus grande utilité.

Bien des hommes des mieux intentionnés s'effraient de cette contribution consciente ou inconsciente, comme ils s'effraient du suffrage universel. Sans doute, tout le monde ne vote pas bien ; sans doute, la grande majorité des femmes voterait sottement, cela est irréfutable ; mais ce qui est plus certain encore, c'est que sottises pour sottises, et nous en faisons tous les jours, et nous payons tous les jours, il vaut mieux payer les sottises qu'on a faites soi-même que celles qu'on laisse faire aux autres (1). Les leçons, les expériences chèrement payées sont celles qui profitent vraiment le plus, et la masse des gens n'a guère actuellement d'autres moyens de s'instruire. Les femmes nous renverraient aux prêtres, dit-on. Je gage, au contraire, que si les femmes votaient après-demain, dans vingt ans il n'y aurait plus que de vieux hommes dans les quelques églises qui auraient pu se passer de clientèle.

On dit souvent qu'il faut se jeter à l'eau pour apprendre à nager : l'expérience est chanceuse, mais sans

---

(1) Je dois dire ici que je me sépare de M. Manouvrier sur cette question. M. Manouvrier trouve avec raison qu'il vaut mieux encore payer le moins de sottises possibles. La femme paye déjà les sottises des hommes, c'est bien assez. Elle est dans un état mental si malheureux (par la sottise des hommes et la sienne combinées), qu'en laissant agir la sottise, l'inexpérience et l'ignorance des femmes, celles-ci perdraient le fruit des efforts masculins les plus généreux et rendraient ces efforts pour longtemps inefficaces. Il peut être bon, ajoute M. Manouvrier, de laisser l'enfant à lui-même, mais à la condition de le surveiller et de le tirer au besoin d'un mauvais pas.

Je tenais à donner cette opinion que je sais partagée par bien des gens plus compétents et plus intelligents que moi, mais je ne puis me résoudre à admettre que quelques individus, si supérieurs soient-ils, songent à maintenir en tutelle la croissance d'une espèce qui marche bien plus par les forces économiques intérieures que par les directions scientifiques extérieures.

aller aussi loin, on ne peut nier qu'une personne ne voit jamais aussi clair dans ses affaires que quand elle doit s'en réserver la responsabilité. Il est étrange de penser que la femme qui tient une si grande part dans notre vie, ne peut y intervenir autrement que par voie indirecte et cachée ; et c'est le plus triste de tous les calculs que de chercher à maintenir dans la dégradation les êtres qui font véritablement notre propre évolution.

Je disais tout à l'heure que l'homme vivait surtout d'une façon individualiste : une femme, quand elle a à se faire une situation individuelle parmi les hommes, devient presque toujours un peu homme. Telle Vera pour sortir de chez ses parents, telle avec Lopoukhoff. Cet emprunt des caractères masculins est actuellement une nécessité parce que les femmes ont encore à conquérir cette situation qu'on leur refuse et que la concurrence dans ce cas est individuelle. Il n'en serait pas ainsi en période socialiste, où les fonctions se classent et s'organisent pour la vie générale ; et un organisme n'est jamais si sain et si utile que quand il fonctionne normalement, ce qui n'existe pas encore ni, pour la femme ni pour la société.

Si toute l'évolution était à refaire, l'idéal serait de faire contribuer chacun pour sa part à la direction générale, de distribuer les responsabilités comme on distribuerait les efforts, afin que, sans secousse et sans tiraillements, l'évolution devienne de plus en plus consciente, parce que le contrôle serait de plus en plus général. Mais il n'en a pas été ainsi, et si l'évolution tend à se faire consciente, ce n'a jamais pu être que par suite d'efforts individuels de gens plus éclairés qui, de génération en génération, ont montré la route et servi de conscience et de guide à la masse des aveugles. Une chose me semble acquise, à la suite de laquelle une double question se pose.

Le point acquis est qu'il faut développer la conscience de l'évolution, et qu'il faut que cette conscience soit le moins possible individuelle et le plus possible sociale ; autrement dit, que le plus grand nombre possible d'individus soient responsables de la marche générale, car on ne peut songer encore à voir se réaliser dans la société ce qui n'existe pas dans un organisme, c'est-à-dire une contribution générale à la direction de l'évolution sociale.

Mais comment y arriver ? Une chose est certaine, c'est que le suffrage universel (des hommes et des femmes), fût-il une chose dangereuse (et nous pensons tout le contraire), il est impossible à ses adversaires de songer à y toucher aujourd'hui. Et quels que soient ses inconvénients actuels, quels que soient même les retards qu'il amène dans la marche de certaines idées toutes spéciales, on ne peut nier qu'il s'impose de plus en plus comme une condition organique de notre évolution sociale, pour cette raison que si l'on ne va pas aussi vite d'un côté, en revanche, le mouvement est plus général, l'évolution est plus profonde, et que la marche de la Société tend de plus en plus à devenir une marche de front, la sélection individuelle cédant devant l'adaptation d'ensemble. Ce sont là des phénomènes fatals, comme la disparition de l'artisan devant l'usine : « La

Nature, dit le Bazarof de Tourguéneff, n'est pas un temple, mais un atelier où l'homme travaille », et dans cet atelier de la nature, le travail s'organise et se distribue au lieu de s'isoler. Les efforts individuels qui se portent en avant de la marche générale sont, dit-on, stérilisés par la sottise du plus grand nombre : je crois qu'il n'y aurait quand même pas à hésiter, car je préfère, pour ma part, beaucoup d'individus pensant et agissant de façon moyenne à quelques individus pensant extraordinairement. Les tutelles ne sont bonnes que jusqu'à un certain âge, et sont dangereuses quand est arrivée la période d'émancipation ; et quoiqu'on en dise, le suffrage universel (quand il sera universel) est la marque d'une émancipation rendue spontanément possible. J'aime mieux, dirai-je encore, voir s'élever d'un degré le niveau intellectuel d'une grande quantité d'individus ordinaires que de voir la supériorité anormale de quelques génies, et cela parce que, dans la génération suivante, de la masse qui a monté d'un degré, sortiront d'autres individualités plus fortes de beaucoup que les premières et en plus grand nombre, ce qui est l'important. La sélection est bonne entre individualités quand elle favorise les meilleurs, mais dans une Société, l'intérêt est bien plus l'adaptation générale que la concurrence individuelle qui tourne l'une contre l'autre une énorme quantité de forces, qui devraient être unies pour la circulation sociale des intérêts généraux.

Ne touchez pas à la sélection individuelle, dit-on enfin. Mais tout y touche, puisque tout se socialise. Combien de différences, de qualités particulières, de caractères sélectifs individuels, développés autrefois par la concurrence industrielle, qui sont aujourd'hui brutalement nivelés par le machinisme ? Ces qualités de force qui ont permis à l'homme la supériorité individuelle et développé, par contraste, chez la femme, ces affinités particulières pour le socialisme et la vie sociale dont nous parlions, ces qualités, dis-je, disparaissent aussi devant le machinisme. Un homme, dans l'industrie actuelle et à venir, devient de plus en plus un membre vivant de l'organisation, et rien de plus; il disparaît comme homme et n'existe que comme travail désindividualisé. Dans tel cas, qu'importe que ce membre soit un homme, un enfant, une femme; et bientôt, dans ce même cas, la machine se passera complètement de ce membre vivant par le perfectionnement du mécanisme.

Voilà une force, la machine, qui devient, elle aussi, une condition organique de l'évolution sociale; elle nivelle les individus, nivelle les sexes dans la production. La machine devient une force sociale par cela même qu'elle fait disparaître la concurrence individuelle; par la machine, il est impossible que l'individualisme ne s'absorbe pas dans le socialisme; tout contribue à restreindre la concurrence individuelle pour développer l'adaptation sociale, générale de tous les individus des deux sexes. Aujourd'hui, toute une moitié des Français votent, plus ou moins mal, il est vrai, mais tous contribuent aux sottises et aux malhonnêtetés qui se commettent : s'en commet-il plus pour cela ?

Intéresser le plus grand nombre d'individus à l'évolution, à l'intérêt social, c'est socialiser peu à peu la conscience de l'évolution, c'est marcher plus vite et mieux ; et jamais plus nous ne courrons le risque de croire un moment que le plus petit nombre servira les intérêts du plus grand nombre ; le contraire est trop souvent arrivé ; et si les leçons profitent, celles-là auront été payées leur prix.

En période individualiste, jamais la femme ne pouvait se faire une « position reconnue », car la femme n'est guère individu ; sa faiblesse aux yeux des hommes, c'est sa grande qualité devant l'évolution de l'espèce.

Le suffrage universel n'est pas encore ce qu'il devra être, il est trop neuf, il vient de naître, je dirai même qu'il n'existe pas encore ; il aura sa véritable signification quand il sera considéré, dans son principe, comme une mise en demeure pour chacun de donner sa part personnelle de direction et de volonté réfléchie, de contrôle honnête.

On craint un recul de l'évolution, si l'ignorance actuelle des femmes était autorisée à prendre part à la direction générale. Il pourrait tout au plus y avoir momentanément une légère déviation, ou un stationnement très court, et non pas un recul, étant donné l'énorme quantité d'activités sociales développées dans ce cas, et la concurrence sexuelle si utile au développement et à l'éducation : nous marchons trop puissamment aujourd'hui pour qu'on ait à craindre même un retard. Bien des femmes votent, mais par leur mari, c'est-à-dire sans responsabilité : elles manquent en général d'instruction, et la sottise des hommes ne donne en pâture à leurs besoins psychologiques que la malheureuse sau-

vegarde de la contrainte religieuse ou l'éducation artificielle, incomplète et maladroite qu'elles reçoivent aujourd'hui. Néanmoins bien des hommes n'ont pas une
éducation plus évolutionniste, et l'on ne peut trouver
chez eux ce tact qu'ont les femmes dans la conduite des
intérêts de la vie, ce tact qui ne peut non plus faillir,
même en l'absence de toute éducation socialiste, à
l'appel des intérêts de l'évolution spécifique, qu'elles
servent quand même, par nature et par fonction organique, en dépit de l'égoïsme masculin, et poussées par
la triple force de l'évolution individuelle, sociale et
sexuelle.

# TABLE DES MATIÈRES

Saint-Amand (Cher). — Imprimerie Bussière.

# EXTRAIT
## DU CATALOGUE GÉNÉRAL DES OUVRAGES DU FONDS

# BIBLIOTHÈQUES
# COLLECTIONS ET REVUES

ÉDITÉES PAR
## M. GIARD & É. BRIÈRE
LIBRAIRES-ÉDITEURS

16, RUE SOUFFLOT ET 12, RUE TOULLIER

## PARIS (V<sup>e</sup>)

1913-1914

**Envoi franco aux prix marqués sur ce Catalogue**

---

## BIBLIOTHÈQUE INTERNATIONALE DE DROIT PUBLIC

PUBLIÉE SOUS LA DIRECTION DE **Gaston Jèze**

*Honorée de souscriptions du Ministère de l'Instruction publique*

☞ Les volumes de cette Bibliothèque se vendent aussi reliés avec une augmentation de 1 fr. pour la série in-8 et 0 fr. 50 pour la série in-18

**BRYCE (J.).** — **La république américaine.** Préface de E. Chavegrin. *2e édition revue et augmentée*, 5 vol. in-8 ; Tome I : Le Gouvernement national ; Tome II : Le Gouvernement des Etats ; Tome III . Le système des partis : l'Opinion publique ; Tome IV et V : Les institutions sociales. 1912-1913. 5 vol. in-8. brochés ..    60 fr. •

**LABAND (P.).** — **Le droit public de l'empire allemand.** Edition française. Préface de F. Larnaude. Trad. de Gandilhon, Lacuire, Vulliod, Jadot et Bouyssy. 1900-1904. 6 vol. in-8. br.    60 fr. •

**DICEY (A.-V.).** — **Introduction à l'étude du droit constitionnel.** Préface de A. Ribot. Trad. A. Batut et G. Jèze. 1902. 1 vol. in-8. broché. ........................................    10 fr. •

**WILSON (W.).** — **L'Etat,** avec une préface de L. Duguit. Trad. de J. Wilhelm. 1902. 2 vol. in-8. brochés.................    20 fr. •

1

**HAMILTON (A.), J. JAY, et J. MADISON.** — Le fédéraliste, nouvelle édition française, par G. Jèze, avec une préface de A. Esmein. 1902. 1 vol. in-8, broché .............................................. 14 fr.  •

**KORKOUNOV (N.-M.).** — Cours de théorie générale du droit. Préface de F. Larnaude. Trad. française de J. Tchernoff. 1903. 1 vol. in-8 broché.............................................. 10 fr.  •

**KOVALEWSKY (M.).** — Les institutions politiques de la Russie. Trad. française, par M. Derocquigny. 1903. 1 vol. in-8. broché.    7 fr. 50

**ANSON (Sir R.).** — Loi et pratique constitutionnelle de l'Angleterre, Trad. Gandilhon. 1903-1095. 2 vol. in-8 :
Tome  I : *Le Parlement.* 1903. 1 vol. in-8. broché.....    10 fr.  •
Tome II : *La Couronne.* 1905. 1 vol. in-8. broché.....    10 fr.  •

**MAYER (Otto).** — Le droit administratif allemand, édition française par l'auteur. 1903-1906. 4 vol. in-8.................    32 fr.  •

**NITTI (F.-S.).** — Principes de science des finances, avec une préface de A. Wahl. Trad. de J. Chamard. 1904. 1 vol. in-8, broché.    12 fr.  •

**CURTI (Th.).** — Le referendum, histoire de la législation populaire en Suisse. Trad. J. Ronjat, 1905, 1 vol. in-8, broché.......    10 fr.  •

**DICEY (A.-V.).** — Leçons sur les rapports entre le droit et l'opinion publique en Angleterre au cours du XIXᵉ siècle. Préface de A. Ribot. Trad. de A. Batut et G. Jèze. 1906. 1 vol. in-8, broché..    12 fr.  •

**MOREAU (F.) et DELPECH (J.).** — Les règlements des Assemblées législatives. Préface de Ch. Benoist. 1906-1907. 2 vol. in-8, brochés .............................................. 30 fr.  •

**GOODNOW (F.-G.).** — Les principes du droit administratif des Etats-Unis. Trad. A. et G. Jèze. 1907. 1 vol. in-8, broché ....    12 fr.  •

**STUBBS (W.).** — Histoire constitutionnelle de l'Angleterre, avec introduction, notes et études de Ch. Petit-Dutaillis. 2 vol. in-8. Trad. par G. Lefebvre.
Tome  I. 1907. 1 vol. in-8 broché.....................    16 fr.  •
Tome II. 1913. 1 vol. in-8, broché.....................    16 fr.  •

**ERRERA (P.).** — Traité de droit public belge. 1909. 1 fort volume in-8, broché .............................................. 12 fr. 50

**NERINCX (Alf.).** — L'organisation judiciaire aux Etats-Unis. 1909. 1 vol. in-8, broché.............................................. 10 fr.  •

**MAY (Erskine).** — Traité des lois, privilèges, procédures, et usages du Parlement. 2 vol. in-8, brochés.....................    25 fr.  •

**LOWELL (A.-L.).** — Le gouvernement de l'Angleterre. Trad. de A. Nerincx, 2 vol. in-8 :
Tome I. 1910. 1 vol. in-8, broché................... 15 fr. »
Tome II. 1910. 1 vol. in-8, broché................... 15 fr. »

**REDLICH (J.).** — Le gouvernement local en Angleterre. Trad. Oualid, 1911. 2 vol in-8 :
Tome I : 1911. 1 vol. in-8, broché................... 12 fr. »
Tome II : 1911. 1 vol. in-8, broché................... 12 fr. »

**JELLINEK (G.).** — L'Etat moderne et son droit. Trad. Fardis, 1911-1913. 2 vol. in-8 :
Tome I : Doctrine générale. 1911. 1 vol. in-8, broché. 12 fr. »
Tome II : Théorie juridique. 1913. 1 vol. in-8, broché. 12 fr. »

### SÉRIE IN-18 :

**TODD (A.).** — Le gouvernement parlementaire en Angleterre. Traduit sur l'édition anglaise de Spencer Walpole, avec une préface de Casimir-Périer. 1900. 2 vol. in-18, brochés................ 12 fr. »

**WILSON (W.).** — Le gouvernement congressionnel, avec une préface de Henri Wallon. 1900. 1 vol. in-18, broché ......... 5 fr. »

**JENKS (Edward).** — Esquisse du gouvernement local en Angleterre. Trad. J. Wilhelm. Préface de H. Berthélemy. 1902. 1 vol. in-18, broché. ................................... 5 fr. »

**DICKINSON (G.-L.).** — Le développement du Parlement pendant le XIXe siècle. Trad. et préface de M. Deslandres. 1906. 1 vol. in-18 broché ................................... 5 fr. »

### SOUS PRESSE

**OPPENHEIMER.** — L'Etat, ses origines, 1 vol. in-18.

## BIBLIOTHÈQUE INTERNATIONALE D'ÉCONOMIE POLITIQUE
PUBLIÉE SOUS LA DIRECTION DE **Alfred Bonnet**

*Honorée de souscriptions du Ministère de l'Instruction publique*

☞ Les volumes de cette Bibliothèque se vendent aussi reliés avec une augmentation de 1 fr. pour la série in-8 et o fr. 5o pour la série in-18

### SÉRIE IN-8° :

**COSSA (Luigi).** — Histoire des doctrines économiques. Trad. Alfred Bonnet. Préface de A. Deschamps. 1899. 1 vol. broch. (I)    (*Epuisé*)

**ASHLEY (W.-J.).** — Histoire et doctrines économiques de l'Angleterre. Trad. Bondois et Bouyssy. 1900. 2. vol. brochés (II-III).    15 fr.    •

**SÉE (H.).** — Les classes rurales et le régime domanial au moyen-âge en France. 1901. 1 vol. broché (IV)................... 12 fr.    •

**WRIGHT (C.-D.).** — L'évolution industrielle des Etats-Unis. Trad. F. Lepelletier. Préf. de E. Levasseur. 1901. 1 vol. br. (V)    7 fr.    •

**CAIRNES (J.-E.).** — Le caractère et la méthode logique de l'économie politique. Trad. G. Valran. 1902. 1 vol. broché (VI) ...    5 fr.    •

**SMART (W.).** — La répartition du revenu national. Trad. G. Guéroult. Préface de P. Leroy-Beaulieu. 1902. 1 vol. broché (VII).    7 fr.    •

**SCHLOSS (David).** — Les modes de rémunération du travail. Trad. Charles Rist. 1902. 1 vol. broché (VIII)............... 7 fr. 50

**SCHMOLLER (G.).** — Questions fondamentales d'économie politique et de politique sociale. 1902. 1 vol. broché (IX)...... 7 fr. 50

**BOHM-BAWERK (E.).** — Histoire critique des théories de l'intérêt du capital. Trad. Bernard. 1902. 2. vol. brochés (X-XI) ..    14 fr.    •

**PARETO (Vilfredo).** — Les systèmes socialistes. 1902. 2 volumes brochés (XII-XIII)................................................. *Epuisé*

**LASSALLE (F.).** — Théorie systématique des droits acquis. Avec préface de Ch. Andler. 1904. 2 vol. brochés (XIV-XV)....... 20 fr.    •

**RODBERTUS-JAGETZOW (C.).** — Le capital. Trad. Chatelain. 1904. 1 vol. broché (XVI). ....................................... 6 fr.    •

**LANDRY (A.).** — L'intérêt du capital. 1904. 1. vol. br. (XVII)    7 fr.

**PHILIPPOVICH** (E.). — **La politique agraire.** Traduit par S. Bouyssy, avec préface de A. Souchon, 1904. 1 vol. broché (XVIII) ............................................ 6 fr. »

**DENIS** (Hector). — **Histoire des systèmes économiques et socialistes**
Tome  I : *Les Fondateurs.* 1904. 1 vol. broché (XIX).... 7 fr. »
Tome II : *Les Fondateurs* (fin). 1907. 1 vol. broché (XX) 10 fr. »

**WAGNER** (Ad.). — **Les fondements de l'économie politique :**

Tome   I. Trad. Polack, 1904. 1 vol. broché (XXII).... 10 fr. »
Tome  II. Trad. K. L. 1909. 1 vol. broché (XXIII)..... 12 fr. »
Tome III. Trad. K. L. 1913. 1 vol. broché (XXIV)...... 10 fr. »
Tome IV. Trad. K. L. 1913. 1 vol. broché (XXV). . . 10 fr. »

**SCHMOLLER** (G.). — **Principes d'économie politique.** Traduit par G. Platon et L. Polack. 5 vol. 1905-08 (XXVI à XXX).... 50 fr. »

**PETTY** (Sir W.). — **Œuvres économiques.** Trad. Dussauze et Pasquier. 1905. 2 vol. brochés (XXXI-II)............ 15 fr. »

**SALVIOLI.** — **Le capitalisme dans le monde antique.** Trad. A. Bonnet. 1906. 1 vol. br. (XXXIII)......................... 7 fr. »

**EFFERTZ** (O.). — **Les antagonismes économiques.** Introduction de Ch. Andler. 1906. 1 vol. broché (XXXIV)............... 12 fr. »

**MARSHALL** (A.). — **Principes d'économie politique.** 2 vol. in-8 :

Tome I. Trad. par Sauvaire-Jourdan. 1907. 1 vol. broché (XXXV)........................................... 10 fr. »
Tome II. Trad. par Sauvaire-Jourdan et Bouyssy. 1909. 1 vol. broché (XXXVI)..................................... 12 fr. »

**FONTANA-RUSSO** (L.). — **Traité de politique commerciale.** Trad. F. Poli. 1908. 1 vol. in-8 broché (XXXVII) ........ 14 fr. »

**CORNELISSEN** (O.). — **Théorie du salaire et du travail salarié.** 1909. 1 fort vol. in-8, broché (XXXVIII)..................... 14 fr. »

**JEVONS** (W. Stanley). — **La théorie de l'économie politique.** Trad. H.-E. Barrault et M. Alfassa. 1909. 1 vol. in-8 br. (XXXIX), 8 fr. »

**PARETO** (Vilfredo). — **Manuel d'économie politique.** Trad. de A. Bonnet. 1909. 1 vol. broché (XL)..................... 12 fr. 50

**CANNAN** (Edwin). — **Histoire des théories de la production et de la distribution dans l'économie politique anglaise de 1776 à 1848.** Trad. par E. Barrault et M. Alfassa. 1910. 1 vol. in-8 broché (LXI)............................................ 12 fr. »

**CLARCK (J.-B.).** — Principes d'économique dans leur application aux problèmes modernes de l'industrie et de la politique économique. Traduction. W. Oualid et O. Leroy. 1911. 1 vol. in-8 broché (LXII) ............................................................ 10 fr. »

**FISHER (I.).** — De la nature du capital et du revenu. Trad. S. Bouyssy, 1911. 1 vol. in-8 broché (XLII)..................... 12 fr. »

**LORIA (A.).** — La synthèse économique. Etude sur les lois du revenu. Trad. C. Monnet. 1911. 1 vol. in-8 broché (XLIII) ...... 12 fr. »

**CARVER (Th. N.).** — La répartition des richesses. Trad. R. Picard. 1913. 1 vol. in-8 broché (XLIV) ............... 5 fr. »

**WEBB (S. et B.).** — La lutte préventive contre la misère. Trad. H. La Coudraie. 1913. 1 vol. in-8 (XLV), broché............... 8 fr. »

**HERSCH (L.).** — Le Juif errant d'aujourd'hui. (40 tableaux statistiques et 9 diagrammes). 1913. 1 vol. broché (XLVI).... 6 fr. »

**CORNELISSEN (Ch.).** — Théorie de la valeur. 2e édition entièrement refondue. 1913. 1 vol. broché (XLVII) ............... 10 fr. »

**LEROY (M.).** — La coutume ouvrière. Doctrines et institutions. 1913. 2 vol. brochés (XLVIII-IXL) ......................... 18 fr. »

**KOBATSCH (R.).** — La politique économique internationale. Trad. G. Pilati et A. Bellaco. 1913. 1 vol. in-8. broché (L) .. 12 fr. »

**TOUGAN-BARANOWSKY (M.).** — Les crises industrielles en Angleterre. Trad. par Schapiro. 1913. 1 vol. broché (LI)..... 12 fr. »

## SÉRIE IN-18 :

**MENGER (Anton).** — Le droit au produit intégral du travail. Trad. A. Bonnet. Préface de Ch. Andler. 1900. 1 vol. broché (I)     3 fr. 50

**PATTEN (S.-N).** — Les fondements économiques de la protection. Trad. F. Lepelletier. Préface de P. Cauwès. 1889. 1 vol. broché (II)................................................... 2 fr. 50

**BASTABLE (C.-F.).** — La théorie du commerce international. Trad. avec introd. par Sauvaire-Jourdan. 1900. 1 vol. br. (III)     3 fr. »

**WILLOUGHBY (W.-F.).** — Essais sur la législation ouvrière aux Etats-Unis. Trad. Chaboseau. 1903. 1 vol. broché (IV).. 3 fr. 50

**DUFOURMANTELLE (M.).** — Les prêts sur l'honneur. 1913. 1 vol. broché (V) ...................................................... 4 fr. »

## SOUS PRESSE :

**WAGNER.** — Fondements de l'économie politique. Tome V.

**AUSPITZ et LIEBEN.** — La théorie des prix.........

BOHM-BAWERK. — La théorie positive du capital.....

FISHER. — Le pouvoir d'achat de la monnaie.........

WALSH. — Le problème fondamental de la monnaie.

KAUFMANN. — La Banque en France.

ROSCHER (W.). — Politique industrielle. Mise à jour par Stieda. 2 vol. in-8.

ROSCHER (W.) — Politique commerciale. Mise à jour par Stieda. 2 vol. in-8.

---

## BIBLIOTHÈQUE INTERNATIONALE DE DROIT PRIVÉ ET DE DROIT CRIMINEL

PUBLIÉE SOUS LA DIRECTION DE **P. Lerebours-Pigeonnière**

*Honorée de souscriptions du Ministère de l'Instruction publique*

Les volumes de cette Bibliothèque se vendent aussi reliés avec un augmentation de 1 franc

COSACK (O.), *professeur à l'université de Bonn.* — Traité de droit commercial. Avec préface de Ed. Thaller, traduction de Léon Mis. 1905-7. 3 vol. in-8 :

    Tome I : Théorie générale. 1905. 1 vol. in-8, broché.     8 fr. »

    Tome II : Opérations. 1905. 1 vol. in-8, broché ....     8 fr. »

    Tome III : Sociétés, assurances terrestres et maritimes. 1907. 1 vol. in-8, broché........................................ 10 fr. »

    *L'ouvrage complet :* 3 vol. in-8............... 26 fr. »

STEVENS (E.-M.) D. C. L. de Christ Church (Oxford). — Éléments de droit commercial anglais, revus et corrigés par Herbert Jacobs, traduit par L. Escarti, avec introduction, par P. Lerebours-Pigeonnière. 1909. 1 vol. in-8, broché...................... 10 fr. »

LISTZ (Dr F. von), *professeur ordinaire de droit à Berlin.* — Traité de droit pénal allemand. Traduit sur la 17e édition allemande (1908) par R. Lobstein. 1910-1913. 2 vol. in-8 :

    Tome I : Partie générale. 1910. 1 vol. in-8   ...... 10 fr. »

    Tome II : Partie spéciale. 1913. 1 vol. in-8  ........ 12 fr. »

    *L'ouvrage complet :* 2 vol. in-8 ............. 22 fr. »

VIVANTE (O.), *professeur ordinaire de droit commercial à l'université*

*de Rome.* — Traité de droit commercial, avec préface de M. Albert Wahl. 1910-1912. Traduction par Jean Escarra. 4 vol. in-8° :
 Tome   I : Les commerçants ;
 Tome  II : Les sociétés commerciales ;
 Tome III : Les Titres de crédit.
 Tome IV : Les obligations.
   *L'ouvrage complet :* 4 vol. in-8°.................. 112 fr.  •
WIELAND (D. O.). — Les droits réels dans le Code civil suisse. Trad. et mis au courant par H. Bovay. 1913-1914. 2 vol. in-8. brochés ..................................... 25 fr.  •
 Tome I : 1913. 1 vol. in-8 .................... (*Déjà paru*).
WIELAND (D. O.). — Les droits réels dans le Code civil suisse
 Tome II : 1 vol. in-8.................... (*Sous presse*).

# BIBLIOTHÈQUE SOCIOLOGIQUE INTERNATIONALE

### PUBLIÉE SOUS LA DIRECTION DE René Worms

*Honorée de souscriptions du Ministère de l'Instruction publique*

☞ Les volumes I à XXX de la Collection peuvent aussi être achetés reliés avec une augmentation de 2 fr. et XXXI et suite avec une augmentation de 1 fr. seulement.

## SÉRIE IN-8

WORMS (René). — Organisme et société. 1896. 1 vol. in-8 (I)     6 fr.  •
LILIENFELD (Paul de). — La pathologie sociale. 1896. 1 vol. in-8 (II)..................................... 6 fr.  •
NITTI (Francesco S.). — La population et le système social. 1897. 1 vol. in-8 (III) ..................... 5 fr.  •
POSADA (A.). — Théories modernes sur les origines de la famille, de la société et de l'état. 1896. 1 vol. in-8 (IV)............. 4 fr.  •
BALICKI (S.). — L'Etat comme organisation coercitive de la société politique. 1896. 1 vol. in-8 (V) ..................... (*Epuisé*).
NOVICOW (J.). — Conscience et volonté sociales. 1897. 1 vol. in-8 (VI) ..................................... 6 fr.  •
GIDDINGS (Franklin H.). — Principes de sociologie. 1897. 1 vol. in-8 (VII)..................................... 6 fr.  •
LORIA (A.). — Problèmes sociaux contemporains. 1897. 1 vol. in-8 (VIII) ..................................... 4 fr.  •

VIGNES (M.). — La science sociale d'après les principes de Le Play et de ses continuateurs. 1897. 2 vol. in-8 (ix-x)...........    16 fr. »

VACCARO (M.-A.). — Les bases sociologiques du droit et de l'Etat. 1898. 1 vol. in-8 (xi)...........    8 fr. »

GUMPLOWICZ (L.). — Sociologie et politique. 1898. 1 volume in-8 (xii)...........    6 fr. »

SIGHELE (Scipio). — Psychologie des sectes. 1898. 1 volume in-8 (xiii)...........    5 fr. »

TARDE (G.). — Etudes de psychologie sociale. 1898. Un volume in-8 (xiv)...........    7 fr. »

KOVALEWSKY (M.). — Le régime économique de la Russie. 1898. 1 vol. in-8 (xv)...........    7 fr. »

STARCKE (C.). — La famille dans les diverses sociétés. 1899. 1 vol. in-8 (xvi)...........    5 fr. »

LA GRASSERIE (Raoul de). — Des religions comparées au point de vue sociologique. 1899. 1 vol. in-8 (xvii)...........    7 fr. »

BALDWIN (J.-M.). — Interprétation sociale et morale des principes du développement mental. 1899. 1 vol. in-8 (xviii)....    10 fr. »

DUPRAT (G.-L.). — Science sociale et démocratie. 1900. 1 vol. in-8 (xix)...........    6 fr. »

LAPLAIGNE (H.). — La morale d'un égoïste ; essai de morale sociale. 1 vol. in-8 (xx)...........    5 fr. »

LOURBET (Jacques). — Le problème des sexes. 1900. 1 volume in-8 (xxi)...........    5 fr. »

BOMBARD (E.). — La marche de l'humanité et les grands hommes d'après la doctrine positive. 1900. 1 vol. in-8 (xxii)....    6 fr. »

LA GRASSERIE (Raoul de). — Les principes sociologiques de la criminologie. 1901. 1 vol. in-8 (xxiii)...........    8 fr. »

POUZOL (Abel). — La recherche de la paternité. 1902. 1 volume in-8 (xxiv)...........    10 fr. »

BAUER (A.). — Les classes sociales. 1902. 1 vol. in-8 (xxv)    7 fr. »

LETOURNEAU (Ch.). — La condition de la femme dans les diverses races et civilisations. 1903. 1 vol. in-8 (xxvi)...........    9 fr. »

WORMS (René). — Philosophie des sciences sociales. 3 vol. in-8 :

Tome   I. *Objet des sciences sociales*. 2e *édition*. 1913. 1 vol. (xxvii)...........    4 fr. »

Tome  II. *Méthode des sciences sociales* 1903. 1 volume (xxviii)...........    4 fr. »

Tome III. *Conclusion des sciences sociales* 1907. 1 volume (xxix)...........    4 fr. »

**RIGNANO** (E.). — Un socialisme en harmonie avec la doctrine économique libérale. 1904. 1 vol. in-8 (xxx)...............     7 fr.   •

**NICEFORO** (A.). — Les classes pauvres. Recherches anthropologiques et sociales. 1905. 1 vol. in-8 (xxxi) ..................     8 fr.   •

**LESTERWARD** (F.). — Sociologie pure. 1906. 2 volumes in-8 (xxxii-iii)...........................     16 fr.   •

**LA GRASSERIE** (R. de). — Les principes sociologiques du droit civil. 1906. 1 vol. in-8 (xxxiv) .....................     10 fr.   •

**CAIRD** (Edw.). — Philosophie sociale et religion d'Auguste Comte. 1907. 1 vol. in-8 (xxxv).....................     4 fr.   •

**BAUER** (A.). — Essai sur les révolutions. 1908. 1 volume in-8 (xxxvi) ...........................     6 fr.   •

**SIGHELE** (S.). — Littérature et criminalité. 1908. 1 volume in-8 (xxxvii) ...........................     4 fr.   •

**LACOMBE** (P.). — Taine historien et sociologue. 1909. 1 volume in-8 (xxxviii)...........................     5 fr.   •

**KOVALEWSKY** (M.). — La France économique et sociale à la veille de la Révolution. 1909-1911. 2 vol. :
  Tome  I : *Les Campagnes*. 1909. 1 vol. in-8 (xxxix)..     8 fr.   •
  Tome II : *Les Villes*. 1911. 1 vol. in-8 (xl)..........     7 fr.   •

**STEIN**. — Le sens de l'existence. 1909. 1 vol. in-8 (xli)...     12 fr.   •

**MAUNIER** (R.). — L'origine et la fonction économique des villes. 1910. 1 vol. in-8 (xlii)...........................     6 fr.   •

**BOCHARD** (A.). — L'évolution de la fortune de l'Etat. 1910. 1 vol. in-8 (xliii)...........................     6 fr.   •

**SIGHELE** (S.). — Le crime à deux. 1909. 1 vol. in-8 (xliv)     4 fr.   •

**CORNEJO**. — Sociologie générale. 1911. 2 volumes in-8 (xlv-xlvi). ...........................     20 fr.   •

**LA GRASSERIE** (R. de). — Les principes sociologiques du droit public. 1911. 1 vol. in-8 (xlvii) ....................     10 fr.   •

**COMTE** (Aug.). — Système de politique positive condensé, par Cherfils. 1912. 1 vol. in-8 (xlviii)...........................     12 fr.   •

**WORMS** (René). — La sexualité dans les naissances françaises. 1912. 1 vol. in-8 (xlix) ...........................     5 fr.   •


SÉRIE IN-18 (*volumes brochés*) :


**WORMS** (René). — Principes biologiques de l'évolution sociale. 1910. 1 vol. in-18 (a) ...........................     2 fr.   •

**BALDWIN** (J. Mark). — Psychologie et Sociologie. 1 volume in-18 (b)...........................     2 fr.   •

**OSTWALD (W.).** — **Les fondements énergétiques de la science et de la civilisation.** 1910. 1 vol. in-8 (c) .................. 2 fr. »

**MAUNIER (R.).** — **L'économie politique et la sociologie.** 1910. 1 vol. in-8 (D) ...................... 2 fr. 50

**NOVICOW (J.).** — **Mécanisme et limites de l'association humaine.** 1912. 1 vol. in-18 (E)..................... 2 fr. »

**ARREAT (L.).** — **Génie individuel et contrainte sociale.** 1912. 1 vol. in-18 (F) ............................. 2 fr. »

## SOUS PRESSE :

**MICHELS (Robert).** — **Amour et Chasteté.**

**SZERER.** — **Origine sociologique de la peine.**

# BIBLIOTHÈQUE INTERNATIONALE
## DE SCIENCE ET DE LÉGISLATION FINANCIÈRES

PUBLIÉE SOUS LA DIRECTION DE Gaston Jèze

*Honorée de souscriptions du Ministère de l'Instruction publique*

Les volumes de cette Bibliothèque se vendent aussi reliés avec une augmentation de 1 franc

**SELIGMAN (Edw. R.-A.).** — **L'impôt progressif en théorie et en pratique.** Edition française revue et augmentée par l'auteur. Traduction de A. Marcaggi. 1909. 1 vol. in-8 : broché ........ 10 fr. »

**WAGNER (Ad.),** *professeur à l'université de Berlin.* — **Traité de la science des finances.** Traduction de M. Vouters. 3 vol. :

    Tome I : Théories générales : Le budget. Les besoins financiers. Les recettes d'économie privée. 1909. 1 volume in-8 : broché.................................... 15 fr. »

    Tome II : Théorie de l'imposition. Théorie des taxes et Théorie générale des impôts. Traduction de Jules Ronjat. 1909. 1 vol. in-8 : broché.............................. 15 fr. »

    Tome III : Le Crédit public. 1912. 1 vol. in-8 broché 8 fr. »

    Tomes IV et V : Histoire de l'impôt depuis l'antiquité jusqu'à nos jours, par Wagner et Deite. Traduction Bouché-Leclercq et Couzinet. 1913. 2 vol. in-8, brochés ........ 24 fr. »

    *L'ouvrage complet :* 5 vol. in-8, brochés ........ 60 fr. »

**MYRBACH-RHEINFELD (Baron Fr. Von),** *professeur à l'université d'Innsbruck.* — **Précis de droit financier.** Traduction française de Bouché-Leclercq. 1910. 1 fort vol. in-8 : broché........ 15 fr. »

**SELIGMAN (Edw. R.-A.).** — Théorie de la répercussion et de l'incidence de l'impôt. Edition française d'après la 3ᵉ édition américaine, Traduction par Louis Suret. 1910. 1 vol. in-8 : br.    15 fr.  ▸

### SOUS PRESSE :

**SELIGMAN.** — Essai sur l'impôt, 1 vol.

# ÉTUDES ÉCONOMIQUES ET SOCIALES

PUBLIÉES AVEC LE CONCOURS DU COLLÈGE LIBRE DES SCIENCES SOCIALES

*Honorées de souscriptions du Ministère de l'Instruction publique*

☞ Les volumes de cette Collection se vendent aussi reliés avec une augmentation de 1 fr. pour la série in-8 et o fr. 5o pour la série in-18

**FARJENEL (F.).** — La morale chinoise. Fondement des sociétés d'Extrême-Orient. 1906. 1 vol. in-8 (ɪ), broché...    5 fr.  ▸

**MARIE (Dʳ A.).** — Mysticisme et folie. (Etude de psychologie normale et de pathologie comparées. 1907. 1 vol. in-8 (ɪɪ), broché    6 fr.  ▸

**LEROY (M.).** — La transformation de la puissance publique. Les syndicats de fonctionnaires. 1907. 1 vol. in-8 (ɪɪɪ), broché.    5 fr.  ▸

**BONNET (H.).** — Paris qui souffre. La misère à Paris. Les agents de l'assistance à domicile. Avec une préface de M. Ch. Benoist. 1908. 1 vol. in-8 (ɪv), broché........................    5 fr.  ▸

**SICARD DE PLAUZOLLES (Dʳ).** — La fonction sexuelle. 1908. 1 vol. in-8(v) , broché .........................    6 fr.  ▸

**LEROY (M.).** — La Loi. Essai sur la théorie de l'autorité dans la démocratie. 1908. 1 volume in-8 (vɪ), broché.....    6 fr.  ▸

**RECLUS (Elie).** — Les croyances populaires. La Survie des Ombres. Avec avant-propos, par Maurice Vernes. 1908. 1 volume in-8ᵒ (vɪɪ), broché.........................    5 fr.  ▸

**RYAN (G.-A.).** — Salaire et droit à l'existence, traduction de L. Collin. 1909. 1 vol. in-8 (vɪɪɪ), broché.............    8 fr.  ▸

**SERRIGNY.** — Conséquences économiques et sociales de la prochaine guerre, avec préface de Frédéric Passy. 1909. 1 vol. in-8 (ɪx), broché .........................    10 fr.  ▸

**BRUN (Ch.).** — Le Roman social en France au XIXᵉ siècle. 1910. 1 vol. in-8 (x), broché .........................    6 fr.  ▸

**REGNAULT (Dʳ F.).** — La genèse des miracles. 1910. 1 vol. in-8, (xɪ), broché .........................    6 fr.  ▸

**VERNES (M.).** — Histoire sociale des religions. I. Les religions occidentales. 1911. 1 volume in-8, (xi *bis*,) broché ...  10 fr.  •

**MÉTHODES JURIDIQUES (Les).** — Leçons faites par MM. Berthélemy, Garçon, Larnaude, Pillet, Tissier, Thaller, Truchy et Gény. Préface de P. Deschanel. 1911. 1 vol. in-8, (xii), broché  5 fr.  •

**OLPHE-GALLIARD.** — L'organisation des forces ouvrières. Avec préface de P. de Rousiers. 1991. 1 vol. in-8, (xiii), broché  8 fr.  •

**AMBROSIO (M. Andrea d').** — La passivité économique. Premiers principes d'une théorie sociologique de la population économiquement passive. 1912. 1 vol. in-8, (xiv) broché ........  8 fr.  •

**ŒUVRE SOCIALE DE LA TROISIÈME RÉPUBLIQUE (L').** — Leçons professées au Collège libre des Sciences sociales, par MM. Astier, *sénateur.* Godart, Groussier, Breton, F. Buisson, Borrel, Aubriot, Lemire, *députés.* Avec préface de Paul Deschanel. 1912. 1 vol. in-8, (xv), broché ...........................  5 fr.  •

**LEFAS (A.).** — L'Etat et les fonctionnaires. 1913. 1 vol. in-8 (xvii)........................................  10 fr.  •


### SÉRIE IN-18 :

**ATGER (F.).** — La crise viticole et la viticulture méridionale (1900-1907). 1907. 1 vol. in-18, broché.....................  2 fr.  •

---

# BIBLIOTHÈQUE SOCIALISTE INTERNATIONALE

PUBLIÉE SOUS LA DIRECTION DE **Alfred Bonnet**

### SÉRIE IN-8 :

**WEBB (Béatrix et Sidney).** — Histoire du trade-unionisme. 1897 Trad. Albert Métin. 1 volume in-8 (i)............  10 fr.  •

**KAUTSKY (Karl).** — La question agraire. Etude sur les tendances de l'agriculture moderne. Trad. Edg. Milhaud et C. Polack. 1 volume in-8 (ii) ...................................  8 fr.  •

**MARX (Karl).** — Le capital. Traduit à l'Institut des sciences sociales de Bruxelles par J. Borchardt et H. Vanderrydt :
  Livre II. — Le procès de circulation du capital. 1900. 1 vol. in-8 (iii)..............................  10 fr.  •
  Livre III. — Le processus d'ensemble de la production capitaliste. 1901-1902. 2 vol. in-8 (iv-v).............  20 fr.  •

**KAUTSKY (K.)** — **La politique agraire du parti socialiste.** Trad. C. Polack. 1903. 1 vol. in-8 (vi) ....................   4 fr. *

**AUGÉ-LARIBÉ (M.).** — **Le problème agraire du socialisme. La viticulture industrielle du midi de la France.** 1907. 1 volume in-8 (vii) ............................   6 fr. *

**ENGELS (F.).** —. **Philosophie. Economie politique. Socialisme** (Contre Eugen Duhring). Trad. E. Laskine. 1911. 1 vol. in-8 (viii) ............................   10 fr. *

SÉRIE IN-18 :

**DEVILLE (G.)..** — **Principes socialistes.** 1898. 2e édition. 1 volume in-18 (i) ............................   3 fr. 50

**MARX (Karl).** — **Misère de la philosophie. Réponse à la philosophie de la misère de M. Proudhon.** 1908. Nouvelle édit. 1 vol. in-18 (ii) ............................   3 fr. 50

**LABRIOLA (Antonio).** — **Essais sur la conception matérialiste de l'histoire.** Trad. A. Bonnet 2e édit. 1902. 1 volume in-18 (iii)   3 fr. 50

**DESTRÉE (J.) et VANDERVELDE (E.).** — **Le socialisme en Belgique.** 2e édition. 1903. 1 volume in-18 (iv) .......   3 fr. 50

**LABRIOLA (Antonio).** — **Socialisme et philosophie.** Trad. A. Bonnet. 1899. 1 vol. in-8 (v) ............................   2 fr. 50

**MARX (Karl).** — **Révolution et contre-révolution en Allemagne.** Trad. Laura Lafargue. 1900. 1 vol. in-18 (vi) ........   2 fr. 50

**GATTI (G.).** — **Le socialisme et l'agriculture.** Préface de G. Sorel. 1901. 1 vol. in-18 (vii) ............................   3 fr. 50

**LASSALLE (F.).** — **Discours et pamphlets.** Trad. V. Dave et L. Remy 1903. 1 volume in-18 (viii) ...................   3 fr. 50

**LASSALLE (F.)** — **Capital et travail.** 1904. Trad. V. Dave et L. Remy. 1 vol. in-18 (ix) ............................   3 fr. 50

**LAFARGUE (P.).** — **Le déterminisme économique de Karl Marx.** 1909. 1 vol. in-18 (x) ............................   4 fr. *

**MARX (Karl).** — **Critique de l'économie politique,** trad. Laura Lafargue. 1909. 1 vol. in-18 (xi) ...................   3 fr. 50

**TARBOURIECH (E.).** — **Essai sur la propriété.** 1905. 1 volume in-18 (xii) ............................   3 fr. 50.

**BERTHOD (A.).** — **P.-J. Proudhon et la propriété.** 1910. 1 vol. in-18 (xiii) ............................   3 fr. *

# COLLECTION DES DOCTRINES POLITIQUES

### PUBLIÉE SOUS LA DIRECTION DE A. Mater

☛ Les volumes de cette Collection se vendent aussi reliés avec une augmentation de o fr. 50

**CHEVALIER, LEGENDRE et LABERTHONNIÈRE.** — Le catholicisme et la société. 1907. 1 volume in-18 (ii), broché .     3 fr. 50

**SABATIER (C.).** — Le morcellisme. Avec introduction, par M. Faure. 1907. 1 vol. in-18 (iii), broché ....................     2 fr. »

**BOUGLÉ (G.).** — Le solidarisme. 1907. 1 volume in-18 (iv), broché.........................     3 fr. 50

**BUISSON (F.).** — La politique radicale. 1908. 1 vol. in-18 (v), broché.........................     4 fr. 50

**AVRIL DE SAINTE-CROIX (Mme).** — Le féminisme. Préface de V. Marguerite. 1907. 1 volume in-18 (vi), broché..     2 fr. 50

**GUYOT (Yves).** — La démocratie individualiste. 1907. 1 volume in-18 (viii), broché.........................     3 fr. »

**LAGARDELLE (H.).** — Le socialisme ouvrier. 1911. 1 vol. in-18 (ix), broché.........................     4 fr. 50

**VANDERVELDE (E.).** — Le socialisme agraire. 1908. 1 vol. in-18 (x), broché.........................     5 fr. »

**HERVÉ (G.).** — L'internationalisme. 1910. 1 volume in-18 (xi), broché.........................     2 fr. 50

**MATER (André).** — Le socialisme conservateur ou municipal. 1909. 1 vol. in-18 (xiv), broché.........................     6 fr. »

**FOURNIÈRE (Eug.).** — La sociocratie. (Essai de politique positive). 1910. 1 vol. in-18 (xvi), broché.........................     2 fr. 50

**MAYBON (A.).** — La politique chinoise. Etude sur les doctrines des partis en Chine. 1907. 1 vol. in-18 (xvii), broché..     4 fr. »

**LORULOT (A.).** — Les théories anarchistes. 1913. 1 vol. in-18, broché (viii) .........................     3 fr. 50

## SOUS PRESSE

A. LEBEY. — Le Maçonnisme. 1 vol. in-18.

# ENCYCLOPÉDIE INTERNATIONALE D'ASSISTANCE, DE PRÉVOYANCE, D'HYGIÈNE SOCIALE ET DE DÉMOGRAPHIE

### PUBLIÉE SOUS LA DIRECTION DU D^r A. Marie

*Honorée de souscriptions du Ministère de l'Instruction publique*

## ASSISTANCE

**MARIE (D^r) et (R.) MEUNIER.** — **Les Vagabonds**, avec un avant-propos, par Henry Maret. 1908, 1 vol. in-18 relié toile (i).    4 fr.  *

**MARIE (D^r) et DECANTE (R.).** — **Les accidents du travail.** Etude critique des améliorations à apporter au régime du risque professionnel en France. 1 vol. in-18 relié toile. (ii) ....    4 fr.  *

**BEAUFRETON (M.).** — **Assistance publique et Bienfaisance privée.** 1911. 1 vol. in-18 relié toile. (iii).....................    4 fr.  *

**RODIET (D^r A.).** — **Les auxiliaires des médecins d'asile** (ouvrage couronné par l'Académie de médecine). 1910. 1 vol. in-18 relié toile. (iv) ....................................    3 fr. 50

**LASVIGNES.** — **Essai d'assistance comparée.** 1911. 1 vol. in-18 relié toile. (v),......................................    4 fr.  *

## PRÉVOYANCE :

**SICARD DE PLAUZOLES (D^r).** — **La maternité et la défense nationale contre la dépopulation.** 1909. 1 vol. in-18 relié toile. (i). ...................................    4 fr.  *

**DECANTE (R.).** — **La lutte contre la prostitution.** Avec préface par Henri Turot. 1909. 1 vol. in-18 relié toile (ii) ....    4 fr.  *

**DUBIEF (D^r).** — **L'apprentissage et l'enseignement technique,** 1 vol. relié toile (iii) ...................................    6 fr.  *

**VIVIANI (R.),** *ministre du Travail.* — **Les retraites ouvrières et paysannes,** avec préface. 1910. 1 vol. in-18 relié toile. (iv).    6 fr.  *

**OLPHE-GALLIARD (G).** — **Les caisses de prêts sur l'honneur.** 1913. 1. vol. in-18, relié toile (v).................    4 fr  *

## HYGIÈNE :

**MARTIAL (D^r R.).** — **Hygiène individuelle du travailleur.** Avec préface de M. le sénateur Strauss. 1907. 1 volume in-18 relié toile (i)..........................................    4 fr.  *

**MARIE (D^r A.).** — **La pellagre.** Avec une préface de M. le professeur Lombroso. 1908. 1 vol. in-18 relié toile. (ii) ....    4 fr.  *

**BERNARD (M.).** — Pour protéger la santé publique. Avec une préface du Dr Fernand Dubief, *ancien ministre de l'Intérieur*. 1909. 1 volume in-18 relié toile. (III).......................................   4 fr.   »

**BERNARD (M.).** — L'hygiène publique obligatoire en France. La lutte administrative contre le choléra et les autres maladies transmissibles, avec préface du Dr A. Marie. 1910. 1 vol. in-18 relié toile. (IV)...............................   4 fr.   »

**BRETON (J.-L.).** — Le plomb. 1910. 1 vol. in-18 reli toile. (V)   4 fr.   »

**MIRABEN (G.).** — La fumée divine (opium), la lutte antitoxique. 1912. 1 vol. in-18 relié toile. (VI)...................   4 fr.   »

**HUBAULT (P.).** — Les Coulisses de la fraude. 1913. 1 vol. in-18. rel. toile (VII)...........................   *(Sous presse)*.

### DÉMOGRAPHIE :

**BRON (Dr G.).** — Les origines sociales de la maladie. Avec préface du Dr A. Marie. 1908. 1 vol. in-18 relié toile. (I).....   3 fr. 50

**WAHL (Dr).** — Le crime devant la science. 1910. 1 volume in-18 relié toile. (II)...............................   4 fr.   »

**ROECKEL (P.).** — L'éducation sociale des races noires. 1911. 1 vol. in-18 relié toile. (III)...............................   3 fr. 50

---

## BIBLIOTHÈQUE PACIFISTE INTERNATIONALE

### PUBLIÉE SOUS LA DIRECTION DE Stéfane-Pol

*Honorée de la souscription des Ministères de l'Instruction publique et du Commerce*

### *Ont paru :*

**BEAUQUIER (Ch.). Ed. GIRETTI et STEFANE-POL.** — France et Italie, avec préface de M. Berthelot de l'*Institut*. 1904. 1 volume in-18 ...........................................   1 fr.   »

**DUMAS (J.).** — La colonisation (Essai de doctrine pacifiste), avec préface de Ch. Gide. 1904. 1 vol. in-18 ...............   1 fr. 25

**ESTOURNELLES DE CONSTANT (D').** — France et Angleterre. 1904. 1 vol. in-18 ...........................   1 fr.   »

**FINOT (J.).** — Français et Anglais devant l'anarchie européenne. 1904. 1 vol. in-18 ...........................   1 fr.   »

**FOLLIN (H.).** — La marche vers la paix. 1903. 1 vol. in-18.   0 fr. 75

**FONTANES (E.).** — La guerre, avec préface de F. Passy. 1904. 1 vol. in-18 ...........................................   0 fr. 50

**JACOBSON (J.-A.).** — Le premier grand procès international de la Haye (notes d'un témoin). 1904. 1 vol. in-18.......... 0 fr. 50

**LAFARGUE (A.).** — L'orientation humaine. 1904. 1 volume in-18 .................................................. 1 fr. »

**LA GRASSERIE (R. de).** — De l'ensemble des moyens de la solution pacifiste. 1905. 1 vol. in-18 ..................... 1 fr. »

**MESSIMY.** — La paix armée. (La France peut en alléger le po-ds). 1903. 1 vol. in-18 ........................... 0 fr. 75

**MOCH (G.).** — Vers la fédération d'Occident. Désarmons les Alpes. 1905. 1 vol. in-18, avec 6 graphiques................ 0 fr. 50

**NATTAN-LARRIER.** — Les menaces des guerres futures. 1904. 1 vol. in-18 .................................................. 1 fr. »

**NOVICOW (J.).** — La possibilité du bonheur. 1904. 1 volume in-18 .................................................. 2 fr. »

**PASSY (Fr.).** — Historique du mouvement de la paix. 1904. 1 volume in-18 .................................................. 0 fr. 75

**PRUDHOMMEAUX (J.).** — Coopération et pacification. 1904. 1 vol. in-18 .................................................. 1 fr. »

**RICHET (Ch.).** — Fables et récits pacifiques, avec une préface de Sully-Prudhomme. 1904. 1 vol. in-18................ 1 fr. »

**RUYSSEN (Th.).** — La philosophie de la paix. 1904. 1 volume in-18 .................................................. 0 fr. 75

**SÉVERINE.** — A Sainte-Hélène, pièce en 2 actes. 1904.. 1 volume in-18 .................................................. 1 fr. »

**SPALIKOWSKI (Ed.).** — Mortalité et paix armée, avec une préface de C. Flammarion. 1904. 1 vol. in-18 .................... 0 fr. 50

**STÉFANE-POL.** — L'esprit militaire. (Histoire sentimentale). 1904. 1 vol. in-18.......................................... 2 fr. »

**STÉFANE-POL.** — Les deux évangiles. Considérations sur la peine de mort, le duel, la guerre, etc. 1903. 1 vol. in-18........ 0 fr. 50

**SUTTNER (B⁰ de).** — Souvenirs de guerre. 1904. 1 volume in-18 .................................................. 0 fr. 50

## PETITE ENCYCLOPÉDIE
## SOCIALE ÉCONOMIQUE ET FINANCIÈRE

Leçons d'économie politique, par André LIESSE, avec une préface de Courcelle-Seneuil, de l'Institut. 1 vol. in-18 (I), 1892   3 fr.  »

La réforme des frais de justice, par E. MANUEL et R. LOUIS, docteurs en droit, 2ᵉ édition, 1 vol. in-18 (II), 1892..   3 fr.  »

Code manuel de droit industriel, par M. DUFOURMANTELLE. 3 vol. in-18 (III-V) :

— Législation ouvrière en France et à l'Etranger. 2ᵉ édition. 1 vol. in-18 (III). 1893.....................   3 fr.  »

— Brevets d'invention. Contrefaçon, etc. 1 vol. in-18 (IV) 1893 ......................   3 fr.  »

— Dessins et marques de fabrique, nom commercial, concurrence déloyale, etc. 1 volume in-18 (V). 1894........   3 fr.  »

Code manuel des électeurs et des éligibles avec formules, par A. MAUGRAS, avocat-publiciste, 2ᵉ édition. 1 vol. in-18 (VI), 1898.   3 fr.  »

Législation générale des cultes protestants en France, en Algérie et dans les colonies, par PENEL-BEAUFIN. 1 vol. in-18 (VII). 1894.......................   3 fr.  »

Commentaire de la loi du 27 décembre 1892 sur la conciliation et l'arbitrage facultatifs, par A. LELONG. 1 volume in-12 (VIII). 1894.......................   1 fr. 50

Législation générale du culte israélite en France, en Algérie et dans les colonies, par PENEL-BEAUFIN. 1 volume in-18 (IX). 1894.......................   3 fr.  »

Code manuel du propriétaire-agriculteur, par Daniel ZOLLA, prof. à l'Ecole nationale d'agriculture de Grignon, 2ᵉ édition. 1 vol. in-18. (X) 1902.......................   3 fr. 50

Les questions ouvrières, par Léon MILHAUD. 1 vol. in-18 (XI). 1894.......................   2 fr. 50

Cours de droit professé dans les lycées de jeunes filles de Paris, par Jeanne CHAUVIN, 2ᵉ édition. 1 volume in-18 (XII), relié toile. 1908.......................   3 fr. 50

Guide théorique et pratique, général et complet des clercs de notaire et des aspirants au notariat, par Jean MARTIN, notaire. 1 vol. in-18 (XIII). 1895.......................   3 fr.  »

La question monétaire considérée dans ses rapports avec la condition sociale des divers pays et avec les crises économiques, par Léon POINSARD. 1 volume in-18 (XIV). 1895.......   3 fr.  »

**Les budgets français.** Etude analytique et pratique de législation financière, par MM. P. Bidoire et A. Simonin. 3 volumes :
 — Projet de budget 1895. 1 vol. in-18 (xv). 1895..     3 fr.
 — Budget de 1895 et projet de budget de 1896. 1 volume in-18 (xvi). 1896.....................................     3 fr.
 — Budget de 1896 et projet de budget de 1897. 1 volume in-18 (xxii). 1897......................................     3 fr.

**La saisie-arrêt** sur les salaires et petits traitements. 2ᵉ édition revue et augmentée par V. Emion. 1 vol. in-18 (xvii). 1896  ·  3 fr.

**La question sanitaire,** dans ses rapports avec les intérêts et les droits de l'individu et de la société, par le Dʳ J. Pioger. 1 vol. in-18 (xviii). 1895....................................     3 fr.

**Les banques d'émission,** par G. François. 1 volume in-18 (xix)......................................     3 fr.

**La Science et l'art** en économie politique, par René Worms. 1 vol. in-18 (xx. 1896....................................     2 fr.

**Code** de l'abordage, par Robert Frémont. 1 vol. in-18 (xxi), 1897. .....................................     3 fr.

**L'éducation nationale,** par Maurice Wolf. 1 vol. in-18 (xxiii). 1897.....................................     3 fr.

**Mélanges féministes,** par L. Bridel. 1 volume in-18 (xxiv). 1897.....................................     3 fr.

**La justice gratuite** et rapide par l'arbitrage amiable, par A. Charmolu, 2ᵉ édit. 1 vol. in-18 (xxv). 1902....................     1 fr.

**Petit manuel pratique** du juré d'assises, par J. Poncet. 1 vol. in-18 (xxvi). 1898.....................................     2 fr.

**Finances communales,** par R. Acollas. 1 volume in-18 (xxvii). 1898. .....................................     8 fr.

**Esquisse d'un tableau** raisonné des causes de [la production, de la circulation de la distribution et de la consommation de la richesse, par M. Tessonneau. 1 vol. in-18 (xxviii). 1898 ......     2 fr.

**Code manuel du chasseur,** par G. Lecouffe, 3ᵉ édition. 1 vol. in-18 (xxix). 1909 .....................................     2 fr.

**Code manuel du pêcheur,** par G. Lecouffe. 2ᵉ édition. 1 vol. in-18 (xxx). 1900.....................................     1 fr.

**Manuel pratique des sociétés** de commerce et par actions. Participations coopératives. Syndicats professionnels. Sociétés de Secours mutuels. Associations et Congrégations, par A. Lambert. 1 volume in-18 (xxxi). 1902 .....................................     1 fr. 50

**Manuel de la propriété** industrielle et commerciale, par A. Lambert. 1 vol. in-18 (xxxii). 1903.....................................     3 fr.

Etudes d'économie et de législation rurales, par R. WORMS. 1 vol. in-18 (xxxiii). 1906.................................... 4 fr.

Code manuel du cycliste, par G. LECOUFFE. 1 vol. in-18 (xxxiv). 1909.................................................... 2 fr.

## BIBLIOTHÈQUE DES DOCUMENTS DU PROGRÈS

### PUBLIÉE SOUS LA DIRECTION DE R. Broda

BRODA (R.) et J. DEUTSCH. — Le prolétariat international. Etude de psychologie sociale. 1912. 1 vol. in-18 (i)........ 3 fr.

BRODA (R.). — La fixation légale des salaires. Expériences de l'Angleterre, de l'Australie et du Canada. 1912. 1. vol. in-8 (ii).................................................... 2 fr. 50

BRODA (R.). — Le rôle de la violence dans les conflits de la vie moderne (enquête). 1913 1 vol. in-8 (iii)............... 1 fr. 50

## ANNALES DE L'INSTITUT INTERNATIONAL DE SOCIOLOGIE

### PUBLIÉES SOUS LA DIRECTION DF René Vorms

— Premier congrès tenu en 1894, 1 vol. in-8 (i)........ 7 fr.
— Deuxième congrès tenu en 1895. 1 vol, in-8º (ii) .. 7 fr.
— Travaux de l'année 1896. 1 vol. in-8º (iii) ........ 7 fr.
— Troisième congrès tenu en 1897. 1 vol. in-8º (iv).... 10 fr.
— Travaux de l'année 1898. 1 vol. in-8º (v) .......... 10 fr.
— Travaux de l'année 1899. 1 vol. in-8º (vi).......... 7 fr.
— Quatrième congrès tenu en 1900. 1 vol. in-8º (vii).. 7 fr.
— Travaux des années 1900 et 1901. 1 vol. in-8º (viii) 7 fr.
— Travaux de l'année 1902. 1 vol. in-8º (ix).......... 7 fr.
— Cinquième congrès tenu en 1903 : Rapports de la sociologie et de la psychologie. 1 vol. in-8º (x)..................... 8 fr.
— Sixième congrès tenu en 1906 : Les luttes sociales. 1 vol. in-8º (xi). .................................................... 10 fr.
— Septième congrès tenu en 1909 : (xii-xiii). La solidarité sociale dans le temps et dans l'espace, 1 vol. in-8º (xii).... 7 fr.

— La solidarité sociale, ses formes, son principe, ses limites, 1 vol.
  in-8° (XIII)............................................... 7 fr.
— Huitième Congrès tenu en 1913. Le Progrès..... 1 vol. in-8
  (XIV). ................................................... 10 fr.

# TABLE GÉNÉRALE
## DES
### RÉFÉRENCES DE JURISPRUDENCE

aux recueils, Sirey, Dalloz, Gazette du Palais, Gazette des tribu-
naux, et des Pandectes françaises, classée par ordre chronolo-
gique depuis 1845 jusqu'à 1910 inclus, par Joseph JOUGLAR,
*Licencié en droit, avoué à Briançon.*

Deux forts volumes in-4° carré ...................... 75 fr.

*En Distribution :*

Catalogue des ouvrages du fonds (envoi sur demande)    gratis

Catalogue des thèses de doctorat en droit (à 1913 inclus)..    2 fr.

Catalogue des ouvrages de droit (occasion). Envoi sur demande .................................................... gratis

Catalogue des ouvrages classiques à l'usage des étudiants en droit.
  (Envoi sur demande) ..................................... gratis

Bibliographie générale et complète des ouvrages de droit et de jurisprudence classée dans l'ordre des Codes avec table alphabétique des
  matières et des noms des auteurs, 1 vol. in-8° .......... 1 fr. 50

Documents manquants (pages, cahiers...)
NF Z 43-120-13

9 782013 544313